Qual é o
seu legado?

Dados Internacionais de Catalogação na Publicação (CIP)
(Câmara Brasileira do Livro, SP, Brasil)

Reikdal, Marlon
  Qual é o seu legado? : entrega, compromisso, autodescobrimento / Marlon Reikdal. – Petrópolis, RJ : Vozes, 2022.

  Bibliografia.
  ISBN 978-65-5713-787-1

  1. Autoconhecimento (Psicologia) 2. Ego (Psicologia) 3. Egoísmo 4. Vaidade I. Título.

22-124383   CDD-158.1

Índices para catálogo sistemático:
1. Autoconhecimento : Psicologia aplicada   158.1

Cibele Maria Dias – Bibliotecária – CRB-8/9427

Qual é o seu legado?

Entrega
Compromisso
Autodescobrimento

© 2022, Editora Vozes Ltda.
Rua Frei Luís, 100
25689-900 Petrópolis, RJ
www.vozes.com.br
Brasil

Todos os direitos reservados. Nenhuma parte desta obra poderá ser reproduzida ou transmitida por qualquer forma e/ou quaisquer meios (eletrônico ou mecânico, incluindo fotocópia e gravação) ou arquivada em qualquer sistema ou banco de dados sem permissão escrita da editora.

CONSELHO EDITORIAL

Diretor
Gilberto Gonçalves Garcia

Editores
Aline dos Santos Carneiro
Edrian Josué Pasini
Marilac Loraine Oleniki
Welder Lancieri Marchini

Conselheiros
Elói Dionísio Piva
Francisco Morás
Ludovico Garmus
Teobaldo Heidemann
Volney J. Berkenbrock

Secretário executivo
Leonardo A.R.T. dos Santos

Editoração: Débora Wink
Diagramação: Sheilandre Desenv. Gráfico
Revisão gráfica: Alessandra Karl
Capa: Érico Lebedenco

ISBN 978-65-5713-787-1

Este livro foi composto e impresso pela Editora Vozes Ltda.

"Quando as ocupações se nos propõem, devemos aceitá-las; quando as coisas acontecem, devemos compreendê-las até o fundo."

Mestre Lü Dsu, citado por C.G. Jung (2011, p. 25).

Sumário

Apresentação, 9

Introdução, 13

Posso ter um legado?, 21
    Diagnóstico da situação atual, 29

Legado: o que é isso?, 35
    O legado das pessoas comuns, 40

A indiferença como legado, 43
    A indiferença e o legado, 53
    O legado da indiferença, 57

A vaidade como legado, 65
    A vaidade e o legado, 71
    O legado da vaidade, 77

Análise do egoísmo, 85
    O egoísmo nosso de cada dia, 91
    Os aspectos humanos do egoísmo, 108
    A miséria psicológica do egoísta, 120

O egoísmo como legado, 131

    Ego, *Self* e legado, 134

    O legado do egoísmo, 143

A verdade como legado, 155

    Quem sou eu?, 164

    O legado da verdade, 171

O compromisso como legado, 179

    O compromisso consigo, 183

    O compromisso com o outro, 191

Palavras finais, 205

Referências, 209

Apresentação

Muitos de nós pensamos que deixar um legado é coisa para pessoas fenomenais, para aqueles gênios ou mártires da história mundial, pessoas que tinham um algo a mais, gente que não é comum como eu ou você.

Se você pensa assim, este livro é especificamente para você.

Agora, se você acredita que é especial, e está só aguardando o mundo finalmente se dar conta do seu valor, este livro é para você também.

Quem conhece Marlon Reikdal sabe que ele é especialista em nos tirar o sossego! Ele nos tira dos lugares acomodados em que nos colocamos, seja acima ou abaixo de onde a nossa humanidade reside. Suas perguntas parecem simples, e podem ser respondidas rápida e superficialmente. Mas quem se permite o instante seguinte se dá conta do quão profunda e complexa é a existência humana. Sim, estamos perpassados pela superficialidade contemporânea.

Nesta obra, a questão que ele nos coloca é a do legado. Seu ponto de partida é o sentimento comum a boa parte das pessoas nos últimos tempos: uma sensação de que tem alguma coisa errada, uma insatisfação generalizada que nos toma cotidianamente, de forma densa, mas difusa. Uma ausência de sentido, decorrente do egoísmo.

A crença de que um legado não é algo possível para pessoas comuns, ou que até pode ser que isso um dia lhe aconteça – quem sabe um dia, como que por mágica, ou quando se tornar perfeita – é uma fantasia egoica que tem levado as pessoas a um esvaziamento de si, que se reflete numa sociedade adoecida pela desconexão interior.

A leitura do autor diante dessa sensação, pautada na psicologia profunda, é a de que a transformação só se dá quando olhamos para nosso interior, e vivemos o reconhecimento do nosso potencial "e de novas formas de ser e estar no mundo, com mais consciência, com mais consistência, com mais conexão".

Porque, Marlon deixa claro ao longo do livro, só estamos habilitados a deixar algo no mundo, oferecendo quem somos realmente – esse é o nosso grande legado. Mas ele alerta: isso só é possível quando temos consciência de quem somos, do que temos a oferecer ao outro, e nos colocamos em relação.

Assim, esperamos que você aceite o convite à inquietação feito neste livro. E realmente pense no seu legado, não como um fardo ou um motivo de exibicionismo, mas como a contribuição ao mundo que só você é capaz de dar.

Boa leitura!

Introdução

Todos temos sentido uma necessidade de mudança, uma certa insatisfação que nos toma sem sabermos direito de onde vem ou em relação ao que se dá. Antes esse sentimento pertencia aos artistas, aos sábios, aos homens e mulheres brilhantes, acima da média, que, sentindo esses desconfortos internos, moviam-se para além do conhecido e assim abriam novos caminhos para a humanidade, desde as ciências duras até as artes mais etéreas.

Acontece que esse misto de mal-estar, ansiedade e ausência de sentido tem se pulverizado cada vez mais, e todos, em alguma medida, sentimos isso que pode ser traduzido por um chamado, que traz, ínsito, um impulso transformador, uma necessidade de mudança.

Minha leitura da situação atual é que nossa alma tem exigido algo um tanto diferente ou, poderíamos dizer, que ela pede um pouco mais de nós mesmos. Muitos estão perdidos na rotina, no esvaziamento de si mesmos, por vezes sentindo a pressão do "mais" de forma desconexa – mais trabalho, mais sexo, mais comida, mais poder aquisitivo, mais bens, mais liberdade, mais viagens – e, no fim, cansam-se mais do que realizam.

É frustrante que o inconsciente não se comunique pela via da linguagem como a conhecemos para se pronunciar, em um diálogo claro e transparente sobre o que acontece dentro de nós, nem é lógico ou racional para nos enviar um *feedback* com "pontos a melhorar". Por isso, mais do que nunca, a viagem interior se faz necessária. Através dela nos habilitamos a ouvir, com um pouco mais de cuidado, quais são nossas verdadeiras necessidades e o que realmente pode nos ofertar o verdadeiro prazer, capaz de nos estabilizar.

Os sintomas da nossa desconexão estão por toda parte, desde uma simples inquietação sem motivo aparente até graves transtornos mentais que inviabilizam a continuidade do existir. Não há, em linhas gerais, quem não perceba o desconforto que paira no ar, nas relações e no interior de nós mesmos. No entanto, nossa sociedade tem sido hábil em oferecer recursos para camuflar esse estado de coisas, e os invigilantes têm se atirado, sem qualquer resistência, às distrações e se vendido aos silenciadores da alma – como o bobo da corte, que estava lá para entreter o rei, evitando que se sentisse sozinho ou angustiado.

Além de manter a mente distraída e ocupada, os recursos da atualidade ativam nosso sistema de recompensa com os aplicativos e as mídias sociais, que mais nos alienam do que nos trazem para a realidade, do mesmo modo que os vícios de toda ordem, como álcool, drogas, sexo, alimentação, jogos, exercícios físicos, entre tantas "ferramentas" construtoras de uma falsa realidade que nos anestesia da vida concreta, de quem somos, do que sentimos e do nosso lugar no mundo[1]. Como não são situações verdadeira-

---

1 Hoje em dia há bastante material sobre o sistema de recompensa do cérebro, analisando o vício da dopamina. Estamos viciados no comportamento motivado por recompensas, que funciona muito a curto prazo, mesmo que esse comportamento seja incoerente com nossos objetivos ou ideais. Por conta disso, vamos deixando de nos envolver com atividades de maior prazo, que exijam maior investimento de energia, e tornando a vida cada vez mais *fast-food*. Existem muitos vídeos sobre o "detox de dopamina", mas vá devagar, porque a coisa não é tão simples assim. O combate ou eliminação da droga, como vemos no tratamento das dependências químicas, não é efetivo a longo prazo. Há que se reorganizar o cérebro contra a enxurrada de prazeres estúpidos e sedutores que vivemos hoje, porém há que se aprender simultaneamente a cuidar da alma, para que você se dedique àquilo que realmente é merecedor de recompensa: ser quem você é!

mente "dignas de recompensa", por estarem desconectadas de nosso sentido existencial, esse prazer se torna fonte mais de vício do que de plenitude.

O autodescobrimento é, nessa conjuntura, uma tarefa inadiável para aquele que não deseja enlouquecer, literalmente, neste mundo de desconexão e de tantos sintomas à flor da pele. E nesse contexto é que surge a pergunta: "Qual é o seu legado?"

Com base nos meus estudos sobre o tema, minha percepção é que esse questionamento, se bem entendido e analisado pela perspectiva das psicologias profundas, pode ser uma ponte a nos conduzir para uma forma diferente de viver, que nos salve da existência superficial, efêmera e vazia à qual estamos submetidos.

A palavra "legado" ainda está associada às grandes personalidades, como se fosse muito especial para estar no cotidiano, direcionando as escolhas e o sentido de vida das "pessoas comuns". Esse é um preconceito que vamos superar ao longo deste texto, porque a reflexão sobre o legado que ofertamos nos faz revirar profundos temas que estão subitamente dirigindo quem somos, em especial, o egoísmo, a vaidade e a indiferença, além de tocar nas questões dos vícios, do exibicionismo, da introversão e da extroversão, entre outros.

Perguntar-se "Qual é o meu legado?" pode impulsionar uma transformação muito maior do que se avista imediatamente. Essa indagação causa um constrangimento natural naquele que pouco pensa sobre suas contribuições ao mundo, mas, por isso mesmo, ela também insere as pessoas em um outro nível de reflexão e despertar de consciência, provocando uma mudança na cosmovisão, em busca de uma experiência realmente transformadora da humanidade.

Por fim, afirmo que se perguntar "Qual é o meu legado?" é um exercício profundamente terapêutico para todos, desde os adoecidos mentalmente nos infinitos diagnósticos até as pessoas que parecem conduzir bem suas vidas. Tal questionamento é um caminho para o autodescobrimento e, por consequência, para o reconhecimento do potencial humano e de novas formas de ser e estar no mundo, com mais consciência, com mais consistência, com mais conexão.

Posso ter um legado?

Legado é aquilo que se deixa para alguém ou o que é transmitido às gerações futuras. Porém, em vez de começarmos pelas definições e suas especificidades, parece-me mais acertado iniciar o percurso pensando sobre nós mesmos, sobre o lugar que ocupamos no mundo, criando, assim, a base pessoal para se analisar o próprio legado.

A pergunta "Posso ter um legado?" é uma provocação. No fundo, a questão vai muito além de um "Sim" ou um "Não". O reconhecimento de que temos um legado, ou o simples fato de começarmos a nos perguntar se temos um, já permite o início de uma grande transformação. Perguntar se você pode ter um legado é se abrir para novas possibilidades de ser, considerando a influência que temos no mundo. É, para muitas pessoas, a conscientização da dimensão coletiva, gregária.

Somos parte da sociedade, seja na mudança das coisas, seja na manutenção delas. Todos fazemos parte do contexto social, cultural e histórico no qual estamos inseridos, mas ainda não aprendemos a dar a essa dimensão a importância que merece. Ao mesmo tempo, somos atravessados por tudo isso sem muitas vezes perceber o quanto é grande a interferência do nosso contexto nos nossos modos de pensar, agir, decidir e estar na vida.

Você já tentou entender por que a perda de um emprego ou a solidão estão mais associados ao suicídio do que uma promoção no trabalho ou um acidente de carro? E por que a mesma traição tem um peso destrutivo muito maior para os homens do que para as mulheres, refletindo-se em uma métrica geral de quatro vezes mais suicídios?

Há, sem sombra de dúvidas, inúmeros fatores ligados a essas diferenças, mas aqui quero ressaltar o elemento social. Como sociedade, em uma determinada cultura, damos mais valor ou mais peso a determinados comportamentos e situações do que a outros. Perder um emprego implica, além de todos os aspectos financeiros, uma sensação de fracasso, de desonra. Certas pessoas, mesmo conseguindo manter as contas estáveis considerando os outros membros da casa, pensam em suicídio. Logo, a questão não é financeira. Está atrelada às exigências sociais, às fantasias de valor e importância, que são discursivas.

Todos reconhecemos que o ser humano é BIO-PSICO-SOCIAL. Há inúmeras ampliações desse modelo, mas todas concordam em pelo menos duas coisas: que somos compostos por pelo menos três dimensões – a biológica, a psicológica e a social – e que precisamos considerar a interação entre essas dimensões para compreender o ser humano (GIDDENS, 2021).

Talvez por ser material, palpável e concreto, o aspecto biológico é mais fácil de ser reconhecido, a ponto de muitas pessoas, ou mesmo ciências, reduzirem-se a ele. O aspecto psicológico, por sua vez, tem ganhado cada vez mais espaço, demonstrando que o homem não é um simples corpo; é também, se assim podemos dizer, aquilo que "habita" o cérebro, aquilo que influencia e interfere nas neurocomunicações como causalidade e não como efeito. As próprias pesquisas nas neurociências têm demonstrado o quanto a mente influi em todo o quimismo cerebral, evidenciando o cérebro como órgão, como máquina a serviço de uma instância superior e imaterial – o psiquismo. Entretanto, o aspecto social ainda é muito pouco discutido no cotidiano. Quando se fala da dimensão social, é comum pensarmos na associação do bairro e nas questões políticas, sem notarmos que o tempo inteiro estamos imersos nessa dimensão, muito mais do que podemos supor.

Algumas poucas perguntas revelam isso: quem determinou quanto deve ser o seu peso? Por que, há alguns séculos, o conceito de um corpo belo era completamente diferente do atual, e hoje os distúrbios alimentares têm crescido assustadoramente, especialmente entre os jovens? Por que uma mulher se sente tão constrangida por estar sozinha, morar sozinha ou sair sozinha, e há um medo e um significado pejorativo tão grandes no "ficar para titia?" Por qual motivo nós, homens, temos dificuldade de chorar e falar de sentimentos e um pavor de ejaculação precoce ou impotência sexual, enquanto grande parte das mulheres não tem prazer na cama e não fala sobre isso com o marido? Qual a razão de existirem duas conotações tão diferentes para um "homem galinha" e para uma "mulher galinha"? Quem determinou seus gostos, estilo de vida, padrões e posturas, que às vezes são tão diferentes dos de pessoas de outros países? De onde vieram seus ideais, suas cobranças, suas metas? Podemos dar respostas simples a essas questões, mas, com um pouco mais de análise e reflexão, reconhecemos como somos construídos a partir desse lugar social e histórico, atravessados por discursos que nem identificamos, de tanto que fazem parte de nós.

E, se somos atravessados por discursos, também os alimentamos, mesmo que inconscientemente. Percebendo ou não, não há como se furtar dessa dialética constante. Construímos ou destruímos, favorecemos ou prejudicamos, apoiamos ou machucamos com cada interação, com cada escolha, com cada posicionamento, em cada pequeno momento de nossas vidas.

Existem também aqueles questionamentos de tias sem noção, constrangedores, como "Já está de namoradinha?", "Vocês não planejam ter filhos?" ou "Que estranho ele não gostar de carne, né?". E de forma despercebida fazemos o mesmo quando dizemos "Você já foi para a Europa?", "Você ainda não assistiu aquela série?" ou "Eu não acredito que vocês terminaram".

Estamos todos nos posicionando a partir de discursos de uma suposta verdade, de certo ou errado, de adequado ou inadequado, de bonito ou feio, sem muitas vezes fazer qualquer análise desses discursos. Eles apenas estão aqui, definindo nosso jeito de ser e interferindo na nossa interpretação de quem somos, quem é o outro e de qual é o seu valor para nós.

Quando alguém é promovido no trabalho, a maioria se alegra, felicita, empolga-se. Eu particularmente nunca vi ninguém indagar "Você realmente queria ser promovido?" ou "Qual era sua intenção com isso?" – afinal, se vai subir na carreira ou ganhar mais, isso é tido como algo maravilhoso... É mesmo? Quem disse? Uma promoção é sempre boa? Claro que não! Tendo em vista o fator *status*, talvez seja. Mas muitas vezes nenhum valor financeiro é compensatório. E quem pode medir tudo isso?

Eu faria algumas perguntas ao meu amigo, para definir se comemoraríamos ou não juntos: "Você realmente acredita que isso é o melhor para você?" – já que ser o melhor para a carreira não necessariamente é o melhor para a pessoa; "Você tem tempo livre para se dedicar a essa nova função ou terá que tirar de alguma outra parte da sua vida pessoal?"; "Você tem energia disponível para isso ou vai começar a chegar em casa mais cansado, com maior distração ou instabilidade emocional, por estar sob maior pressão?"; "Como essa promoção vai contribuir para o seu desenvolvimento como ser humano, para o encontro com suas verdades, para realmente fazer sentido na sua vida?"

A cada pequeno momento alimentamos um ideal, estimulando comportamentos nos outros e em nós mesmos, sem perceber que tudo isso faz parte do nosso legado, faz parte do que oferecemos para as gerações futuras.

Diagnóstico da situação atual

A força que nos impulsiona ao coletivo é parte da condição humana, ao lado de outros aspectos puramente humanos que insistimos em tentar não vivenciar, como a fragilidade, a imperfeição e a pequenez. Há um preconceito, uma construção de inadequação, de medo, com resistências que nos impedem de vivermos esses aspectos, que continuam a nos pressionar internamente, exigindo mudança.

Fazemos parte de uma coletividade sem a qual não podemos existir, por isso é fácil identificar que há uma força que nos conduz para conexões que extrapolam o ego. Somos impulsionados a criar uma conexão maior, a fazer parte da sociedade de uma forma que a maioria ainda não descobriu.

Se minha tese estiver correta, estamos sendo pressionados por nosso psiquismo para o reconhecimento do aspecto social e coletivo, para vivermos a dimensão gregária de modo saudável e pleno. Somos seres sociais, mas insistimos em negar essa instância, em muitos casos alienados, distraídos; em outros, olhando apenas para o nosso próprio umbigo, e isso vai tornando a vida insustentável.

Na verdade, estamos desconectados, e a alma coletiva está pedindo mais vida e mais consciência. Ninguém aguenta mais o egoísmo que produz a guerra. Ficamos estarrecidos com as atitudes de alguns governantes. Todos temos mil argumentos contra a corrupção e nos revoltamos com a realidade da política no Brasil e em muitos outros países. Contudo, poucos de nós compreendem que esses grandes acontecimentos são parte do nosso legado, são o resultado da realidade egoísta, exterior, superficial e limitada que alimentamos a todo momento.

Os mais ousados ainda dizem "É por isso que não critico ninguém, porque reconheço que não faço nada para mudar", como se a apatia em relação a esse estado de coisas os tornassem mais nobres.

Temos vivido alienados, desconectados, distraídos, tanto dos outros como de nós mesmos, de quem somos e de nossas verdadeiras necessidades. Mas o inconsciente não se submete a essa loucura comum e, dominante, exige reparação!

O inconsciente, a alma, a essência, o espírito (dê o nome que queira dar) continua exigindo atenção e indicando um caminho que precisa ser seguido, pressionando o ego para uma transformação profunda. Cabe a nós bem interpretarmos isso, pois muitas vezes apenas sentimos a necessidade de um "mais", sem saber ao certo mais do quê.

Não estamos precisando de um pequenino ajuste, e sim de uma mudança na cosmovisão, ou seja, na maneira de vermos e entendermos o mundo, na forma de compreendermos o ser humano e seu lugar, seus papéis e como desempenhá-los, dando um novo sentido para a vida, para além dos prazeres imediatos e das realizações puramente egocêntricas.

Podemos chamar esse impulso de uma força de transcendência, no sentido de extrapolação do ego, da vida pequena e insignificante à qual nos acostumamos.

O reconhecimento do coletivo é profundamente transformador, primeiro porque dá um senso de pequenez que regenera nossa identidade de um modo inimaginável, e depois, porque amplia a noção de importância e responsabilidade que temos com o outro, em um processo muito mais amplo e recompensador do que até então vivemos.

É lindo ver como essas coisas se encaixam perfeitamente, pois todo indivíduo que se sente muito grande ou importante não se dá verdadeiramente ao outro. Ele quer, na verdade, ser visto, desejado, centralizado pelas outras pessoas. Mas, à medida que o sujeito se conhece, aprofunda-se em si mesmo e entra em contato com sua condição humana, a descentralidade egoica em que ele vive o abre para uma verdadeira relação com o outro. Com isso, há o entendimento de que as pessoas não estão ali para mim, nem eu estou em uma obrigação estéril para com o outro, em uma assimetria relacional. Nós estamos juntos!

Contudo, mesmo sendo cada vez mais impulsionados por essa energia de transcendência, de integração e de coletividade, não temos achado saídas seguras, em termos de desenvolvimento da *psique*, porque ainda não desvendamos a coragem para romper com a cosmovisão predominante e desbravar novos caminhos.

Isso me remete a um trecho do poema *Travessia*, de Fernando Teixeira de Andrade[2], e à necessidade de esquecermos os caminhos que nos levam sempre aos mesmos lugares. É tempo de travessia!

> Há um tempo em que é preciso abandonar as roupas usadas que já têm a forma do nosso corpo e esquecer os nossos caminhos que nos levam sempre aos mesmos lugares...
>
> É o tempo da travessia... E, se não ousarmos fazê-la, teremos ficado, para sempre, à margem de nós mesmos.

---

2 Poema disponível no blog Fragmentos: https://poe trysfeelings.wordpress.com/category/fernando-teixeira-de-andrade/.

Legado:
o que é isso?

"Legado" é uma palavra que vem do contexto jurídico, definida como "disposição de última vontade pela qual o testador deixa a alguém um valor fixado ou uma ou mais coisas determinadas; ente querido, bem ou missão confiada a alguém por pessoa que está a ponto de morrer; o que é transmitido às gerações que se seguem", conforme o verbete no *Dicionário Houaiss* (2001). Sendo algo amplo e transmitido a outras pessoas, poderia se assemelhar à herança, que é uma aquisição por sucessão, mas que se dá em razão do falecimento de alguém. Diferente da herança, o legado precisa ser definido em vida, portanto, para o Direito, o legado exige uma intencionalidade.

Essa definição pode ser extrapolada para as nossas vidas, com uma significativa diferença que pretendo descrever.

Primeiro, mais do que simples recebedores de heranças, somos resultado de infinitos legados, sem os quais certamente estaríamos vivendo em condições muito piores. O político que é movido pela intenção de construir uma sociedade melhor deixa um legado. A intenção do autor de transformar pessoas faz com que ele escreva e compartilhe suas ideias. O desejo de marcar outros seres humanos faz com que o músico componha e publique suas peças, mesmo que ele seja às vezes uma pessoa introvertida, que adora o silêncio e o isolamento de sua casa. A vontade de oferecer um mundo mais justo para as gerações futuras tem produzido revoluções, diminuindo preconceitos e promovendo igualdade de direitos e reorganização social, pelas mãos e pela voz de várias pessoas espalhadas pelo mundo.

A diferença em relação ao Direito é que, na Psicologia, o objeto de estudo é o ser humano. Somos seres sociais e históricos; somos coletivos. Isso muda dramaticamente a forma de pensar o legado. Se dependemos uns dos outros e, se uma parte do que somos é construída a partir desse coletivo, então a ideia de legado que obtivemos e que oferecemos está muito mais presente do que supomos, extrapolando aquela intencionalidade da definição. A ausência de uma herança não inviabiliza a continuidade da vida, mas a ausência do outro, sim! Não existe possibilidade de sobrevivência de qualquer indivíduo se ele não tiver quem o ampare no minuto após o seu nascimento e durante a maior parte da sua vida. O ser humano se constrói a partir das relações, das intenções, daquilo que lhe é legado.

Segundo, em termos psicológicos, não há como viver sem deixar um legado. No máximo, a despreocupação em deixar um legado se materializa no legado da omissão, da negação, do descaso. Se assim for, é porque era essa a intenção, a de não se envolver, a de manter a indiferença, por diferentes motivos que analisaremos – e esses sentimentos serão endereçados ao outro, porque foram definidos em vida e, por consequência, marcarão as pessoas que vêm depois de nós.

Se fazemos essa opção por não enxergarmos o outro, se nos desconectamos daquela energia de transcendência, deixamos um legado muito parecido com o que recebemos: de escassez interior, de pobreza de alma e de coletividade, de esvaziamento do sentido da vida.

Antes de continuar, quem sabe agora seja um ótimo momento para tentar aprofundar a reflexão sobre você, trazendo para a sua vida, em palavras concretas, a resposta para essas duas perguntas: Qual foi o legado que você recebeu até aqui? Quais foram as bases de sua construção?

Digo isso porque a cada dia, mais identifico o quanto muitos pais e a sociedade de um modo geral foram incapazes de fazer as pessoas se sentirem amadas por serem quem são. Atravessado pelos discursos capitalistas de produtividade e desempenho, pela hipocrisia religiosa que valorizou os comportamentos mais do que a essência das pessoas, e pela superficialidade da sociedade de aparência, o valor pessoal ficou atrelado aos elementos externos. Os filhos muitas vezes são vitrines para seus pais, precisando demonstrar bom desempenho, bom comportamento, bons resultados. Para a nossa geração, a educação significou "colocar as crianças na linha" para que elas não se tornassem vagabundas – os homens vagabundos no sentido profissional e as mulheres vagabundas no sentido sexual.

Hoje temos revisto essa concepção de educação e a finalidade dela, mas ainda temos muita dificuldade em perceber que todas essas preocupações e concepções de vida são legados que nos deixaram, com ou sem intenção, e que reproduzimos irrefletidamente[3].

O legado das pessoas comuns

Já falei da cosmovisão e da ruptura que precisamos fazer em termos de reconhecimento do nosso lugar no mundo e do lugar do outro em nossas vidas. É preciso ter coragem para sair desse ciclo vicioso, e a pergunta sobre o seu legado pode ser uma mola propulsora nesse sentido.

Como segunda, e última sugestão de parada, queria pedir a você que se perguntasse qual é o seu legado. Depois de pensar sobre qual o

---

3 Para uma análise sobre a educação e as instituições religiosas, sugiro minha publicação "A crise da educação e o paradigma kardequiano", CEI. *Revue Spirite – Journal d'Études Psychologiques*, a. 165, n. 9, out. 2022, p. 80-119.

legado que o mundo te ofereceu até aqui, seria importante pensar sobre o lugar que você ocupa hoje em relação ao outro, para intensificar suas reflexões daqui para frente.

Ao tentar descrever o próprio legado você terá a oportunidade de se analisar, olhando do lado de fora. Não se perguntar sobre o próprio legado até hoje pode revelar um descaso ou uma desconexão com o coletivo e que aqui está desenhado na análise que faremos da *indiferença*. No entanto, há um segundo grupo de pessoas, que tem crescido cada vez mais, movido pela intenção de deixar um legado. Seus discursos são os de um compromisso social, mas, ao serem analisados pelas lentes da psicologia profunda, podem revelar um padrão de *vaidade* que também merecerá nossa atenção. Uma das hipóteses é que, tanto o padrão da indiferença como o da vaidade são um pouco consequência de não sabermos como lidar com o impulso para a coletividade, seja na introversão da energia e no fechamento pessoal por medo dos riscos e das consequências, seja pelo exibicionismo que dá uma sensação de grandiosidade e pertencimento. O interessante também é perceber que esses perfis de indiferença e de vaidade, embora possam parecer opostos, têm aqui a mesma base egoísta, que será o conceito central de nossa análise.

O desejo é colocarmos a filosofia do autodescobrimento em prática para, assim, começarmos a identificar os elementos inconscientes por trás dessas manifestações, ampliando a compreensão a respeito de quem somos e de qual lugar ocupamos no mundo.

A indiferença como legado

Refletir sobre a indiferença exige uma preparação mínima, pois a maioria de nós tende a recusar a ideia de que somos um tanto indiferentes, pelo constrangimento que isso causa. "Indiferença" é uma palavra um tanto pesada, meio feia, e em uma atualidade de positividades e de belos discursos é difícil se relacionar com a indiferença entendendo-a como parte de nossa personalidade. Para isso, é importante flexibilizar um pouco a imagem que se tem de si, bem como as exigências de ser uma pessoa boa, caridosa e adequada, para assim começar a reconhecer – caso ainda não tenha começado – que todos nós temos traços de indiferença.

Muito provavelmente esse não é o elemento central da sua personalidade, nem da minha. O objetivo não é dar um diagnóstico, muito menos reduzir quem somos a uma coisa ou outra. A filosofia do autodescobrimento pressupõe justamente o contrário: ampliar e incluir percepções, encontrar outros elementos que não eram percebidos, mas que influenciam em nosso comportamento e no todo de quem realmente somos.

Na língua portuguesa, a indiferença tem duas conotações distintas, uma positiva e uma negativa, mas acredito que o predominante no cotidiano e nas percepções coletivas seja o aspecto negativo. Ela é definida tanto como "estado de tranquilidade daquele que não se envolve com as situações; desprendimento" quanto como "falta de interesse, de atenção, de cuidado, de consideração; descaso; desdém", conforme o verbete no *Dicionário Houaiss* (2001). Para além da questão da leveza e do desprendimento, nós olhamos para ela principalmente pela via do descaso, do desdém, e assim vamos nos debatendo em definições, tentando negar aspectos, ou até embelezá-los, para tornar a situação menos dolorosa na *psique*.

A indiferença está relacionada a situações específicas, e talvez daí surja a conotação que damos a ela, pois um pouco de indiferença pode diminuir a ansiedade que predomina na vida social – vivemos inquietos, envoltos no que os outros vão pensar, se vão criticar ou elogiar, valorizar ou rejeitar, em uma intranquilidade que tem virado padrão atualmente.

Mas há também a indiferença em relação aos problemas do casamento e às necessidades do cônjuge, ou a indiferença dos filhos aos pais na velhice. Podemos ser indiferentes às pessoas no trabalho, de nosso convívio mais próximo ou distante. O exemplo que muito me chama a atenção é o da nossa forma de cumprimentar as pessoas. Dizemos "Olá, tudo bem?", mas em verdade não estamos interessados em como as pessoas estão. E muitas vezes, conscientes ou inconscientes desse desinteresse, respondemos com outra pergunta: "Tudo bem, e com você?"

Quase sempre, não queremos saber como o outro está. Isso ficou muito evidente para mim em uma interação com a moça da limpeza do prédio onde eu morava. Já havíamos conversado várias vezes antes disso, e um dia, ingênua ou indiferentemente perguntei: "Como você está?" Então, para meu espanto, ela me disse que não estava bem e começou a chorar. Naquela situação eu tomei consciência que de fato estava indiferente a ela, embora atuando com a *persona* polida e adequada do psicólogo que está sempre interessado no outro.

Muito possivelmente, somos mais indiferentes do que imaginamos. Somos indiferentes a certas pessoas ou amizades, procurando-as somente quando temos alguma necessidade. Mesmo quando estamos envolvidos na relação, várias vezes agimos para atender aos nossos interesses e desejos pessoais ou para nos beneficiarmos com algo.

Tente resgatar quantas vezes você procurou um amigo ou amiga porque estava realmente interessado nessa pessoa. Em geral, procuramos porque queremos uma companhia, porque temos tempo livre, porque aquela pessoa nos agrada ou porque nos faz bem. Somos muitas vezes indiferentes ao outro por estarmos muito mais centrados em nós do que nas pessoas com quem convivemos. Queremos uma companhia, desejamos sair, estar com alguém, conversar, daí usamos os nossos amigos. No entanto, se estivermos cansados ou indispostos, poucas vezes analisamos o quanto aquilo seria importante para o outro – apenas ficamos fechados em nós e em nossos interesses e, educadamente ou não, dizemos que não queremos sair naquele dia.

Para piorar a análise, é preciso reconhecer que, mesmo nas poucas vezes que levamos o outro em consideração, ao remexer um pouco mais as intenções ocultas para nós mesmos, agimos considerando o outro porque não queremos perder a amizade, porque sabemos que em outro momento vamos precisar dele ou, ainda, porque não queremos nos ver no papel de maus, de indiferentes ou de egoístas.

Consegue perceber que em todos esses exemplos, no final das contas, estamos com olhos, atenção e preocupação predominantemente em nós mesmos?

Nos relacionamentos, somos tão indiferentes ao outro que quando somos atendidos em alguns aspectos, mas não somos em outros, tendemos a descartar a pessoa, na ilusão de que encontraremos alguém que atenderá perfeitamente a todas as nossas expectativas. Obviamente tais pessoas vivem a dor da solidão, mas não porque não há ninguém que deseje se relacionar com elas, e sim porque estão tão fechadas em si mesmas que não conseguem estabelecer conexões. Esses são exemplos duros, porém extremamente presentes na atualidade das relações íntimas.

Também somos indiferentes às causas sociais, aos problemas do meio ambiente e às guerras, geralmente porque essas questões não nos tocam diretamente. Por não sermos afetados por elas, nós nos mantemos indiferentes. Conseguimos assistir a um noticiário, que descreve inúmeros problemas sociais, familiares e econômicos, e continuar a vida como se nada estivesse acontecendo. Ficamos estarrecidos com a notícia de que 8 milhões de crianças morrem de fome por ano no mundo, mas, logo após os comerciais ou a próxima página, já somos conduzidos por outras emoções e permanecemos indiferentes àquela triste realidade que parece distante de nós. Ouvimos sobre as guerras, tecemos comentários, fazemos análises, alguns discutem as políticas fervorosamente como se estivessem estabelecendo os planos mundiais, para alguns minutos depois tudo voltar ao "normal".

As campanhas das cores nos meses do ano foram uma ótima estratégia para tentar manter a população conectada a determinados temas. Durante o Setembro Amarelo, por exemplo, fala-se do suicídio que assola o planeta. Os dados da Organização Mundial de Saúde de 2012, já um tanto ultrapassados, anunciavam que, no Brasil, 30 pessoas cometiam suicídio por dia, e nós nos assustamos pensando que poderia ser um filho. Porém, como não é meu filho, assim como não é meu parente que está com fome e como a guerra não é no meu país, conseguimos deitar a cabeça no travesseiro e dormir normalmente como se fosse nada. Nós sequer ficamos angustiados um dia inteiro por causa disso, contudo, se for o meu marido na guerra, falaremos disso o tempo todo até vê-lo em paz; se for o meu filho a cometer suicídio, talvez nunca mais eu tenha uma noite leve e tranquila de sono.

Eu realmente não sei como as coisas poderiam ser diferentes, mas, como psicólogo, estudando a alma humana, fico convencido de que isso é a indiferença, essa postura de não dar valor, de não reconhecer a importância dos acontecimentos quando não somos diretamente tocados por eles. Nós nos mobilizamos quando nossos interesses, afetos ou desejos estão envolvidos. Caso contrário, permanecemos em descaso, justificado ou não.

Aqui podemos abrir parênteses para as questões ambientais: o aquecimento global, os animais em risco de extinção, a camada de ozônio, a poluição. Até nos mobilizamos um tanto, auxiliando naquilo que está ao nosso alcance, com belas movimentações sociais que nos dão esperança de dias melhores, no entanto é claro que a maioria faz isso porque se sente bem. Isso não quer dizer que não podemos ter prazeres, que as coisas precisam ser sofridas para terem valor. Não mesmo. O ponto é que continuamos movidos apenas pelo nosso prazer, indiferentes ao mundo, ao outro e às suas necessidades.

Somos indiferentes aos problemas do nosso próprio país – a seca em algumas regiões, a falta de emprego em outras – e nos afetamos com o crescimento desordenado das cidades, desejando que os "problemas" não se aproximem de nós. Em resumo: somos mais indiferentes do que supomos e, por mais constrangedor que isso seja, precisamos suportar essa condição para não sair agora com novos mecanismos defensivos a fim de esconder de nós mesmos aquilo que é difícil de ser acolhido internamente[4].

A indiferença e o legado

A indiferença revela a nossa incapacidade de considerar o outro, de dar um lugar e um tempo para ele em nossas vidas, por ser o outro quem ele é, um outro ser humano, independente de nós. Nossas atitudes estão tão baseadas nesse padrão que não conseguimos nem pensar fora desse enquadramento, como se esse distanciamento em relação ao outro fosse uma das regras da vida.

---

4 Deixo a sugestão para assistir aos seis vídeos que fiz sobre a análise dos mecanismos de defesa egoica como caminho para o autodescobrimento, disponíveis no canal Psicólogo Marlon Reikdal, do YouTube. Esse entendimento é essencial, pois cada elemento que não é suportado pelo ego volta a ser reprimido e escondido, fazendo com que a pessoa acredite que mudou, que não é mais assim, quando, na verdade, apenas deixou de enxergar a situação, sem ter feito mudança verdadeira.

Uma das dificuldades de nos relacionarmos com o tema é o fato de já termos feito um julgamento bastante duro sobre essas questões. Tratamos dessas características humanas como perversões, doenças graves ou incuráveis, que precisam ser extirpadas da sociedade, como se fosse possível tratá-las do mesmo modo que matamos a erva daninha. Isso, para mim, não é verdade, e acredito que estamos caminhando cada vez mais para o reconhecimento de que essas características são bem humanas, no sentido de estarem presentes em nós, na coletividade, sem demonizar isso que nos toca.

Somos seres maus e perversos? Não acredito. Do mesmo modo que não creio que somos bons e maravilhosos. A identificação do humano nos tira desses extremos prejudiciais, afinal, quem se inferioriza, se diminui, desmerece a própria identidade e não consegue se ver como parte desse mundo, do mesmo modo que o indivíduo que se idealiza também perde o contato com a realidade da qual faz parte.

Na obra *Em busca de si mesmo: o autodescobrimento como filosofia* (REIKDAL, 2022), apresentei uma análise a respeito de alguns comportamentos que foram categorizados como pecado, como se precisassem ser extirpados da raça humana, mas que no fundo são apenas defesas egoicas para realidades que não aprendemos a suportar. Ali, analiso o orgulho, a vaidade, o ciúme, a inveja, a avareza e a culpa, na intenção de demonstrar essas atitudes como consequências da desconexão pessoal. Isso quer dizer que esses comportamentos não são coisas em si que podem ser combatidas; na verdade, são consequência de um desencontro mais profundo, e, portanto, enquanto não lidarmos com essa desconexão, haverá mudanças apenas comportamentais, sem a correspondente transformação interior. É o exemplo da pessoa que se envaidecia por usar roupas caras ou por ocupar certos cargos e que, depois dos novos escamoteamentos, agora se envaidece por usar "anel de coquinho", sem perceber que a vaidade continua ali. Ela continua precisando de algo para se sentir bela e melhor do que os outros. Embora tenha trocado o elemento externo, a questão que a leva a agir dessa maneira – esse desejo de diferenciação do outro – continua intacta.

À medida que deixamos de naturalizar essa ação, começamos a analisá-la de modo mais verdadeiro, tentando compreender o que há por trás dela. Essa é uma das grandes diferenças de se ter o autodescobrimento como filosofia de vida – nós saímos dos diagnósticos para adentrarmos o funcionamento da alma: suas intenções, seus medos, suas resistências. Assim, facilmente chegamos ao egoísmo, ou seja, a essa eleição pessoal de nós mesmos como alguém acima de qualquer outra pessoa ou situação. É essa eleição frente às necessidades exteriores que está na indiferença. É o não reconhecimento da necessidade do outro por estarmos fechados em nós mesmos. É como se não tivéssemos tempo ou energia para olhar para fora, tão focados ou atrapalhados que estamos com nós mesmos. Por isso eu disse que até nos sentimos mobilizados pelo outro, mesmo que rapidamente, mas logo nos voltamos para esse mundo interno.

O legado da indiferença

A primeira pessoa a ser prejudicada quando você não se pergunta "Qual é o meu legado?" é você mesma. É interessante essa observação, pois, como a ideia de legado está fundamentada em algo que se oferece ao outro, temos a impressão de que não pensar sobre o tema prejudicaria apenas o outro. Ainda mais: pensamos que, como há grandes gênios, pessoas muito ricas, ativistas, artistas e grandes escritores oferecendo algo para as gerações futuras, a nossa ausência em termos de legado não fará qualquer diferença substancial para o futuro.

Esse é o aspecto mais importante que eu queria ressaltar ao analisarmos o legado da indiferença. Há sim, inúmeros prejuízos de você não se perguntar "Qual é meu legado?", muito maiores do que você pode imaginar, para você e para o outro, e vou explicar o porquê.

Temos uma dificuldade, ou poderíamos dizer também uma falta de habilidade, de pensar no outro e no que poderíamos oferecer para ele – principalmente sem receber nada em troca. O fato de não estarmos acostumados a incluir o outro em nossa vida nos prejudica gravemente, mas talvez não consigamos sequer dar nome para esse sentimento ou para a sensação que disso decorre.

Ao deixarmos de nos perguntar o que temos a oferecer ao outro, nós nos colocamos em um lugar menor do que deveríamos. É uma subtração de nós mesmos e será sentida de forma destrutiva, à medida que formos nos acomodando a esse lugar pequeno e incômodo que não nos traz realização ou tentando anestesiar essa experiência pelos distrativos atuais ou pelas sensações imerecidas de prazer.

Parece que o lugar de quem não tem nada a oferecer é até um tanto confortável, pois nos livramos de um estresse danado. Primeiro, precisar descobrir o que temos a oferecer dá bastante trabalho. Segundo, ao encontrarmos elementos considerados interessantes para serem ofertados ao outro, teremos que nos expor, tentar fazer a diferença, e aí surge um grande desafio, em especial para os introvertidos: o de colocar-se em evidência, de destacar-se. E logo surgem os complexos, fazendo-nos questionar se aquilo realmente é especial, tentando nos convencer de que outras pessoas já fazem isso, que não é nada tão significativo, ou, mais ainda, trazendo o medo das consequências, pois o outro pode não gostar, pode não desejar, pode rejeitar. Assim, sobrecarregados pelas nossas próprias loucuras do desconhecimento de nós mesmos, depois de exaustos frente às primeiras inquietações, desistimos, acreditando que o melhor lugar a permanecer é sentados na indiferença.

Mas o que acontece com aquela verdade dentro de nós que poderia ser compartilhada? E o impulso de transcendência que produz o desejo de oferecer algo nosso ao outro? O que acontece com aquela condição gregária que nos caracteriza e que nos define como humanos?

Se somos seres sociais, coletivos, temos necessidade de relações, de conexão, de intimidade, de contato. Ao nos retirarmos dessa relação com o outro e com o futuro, nós nos esvaziamos de nós mesmos de um modo que talvez não seja perceptível em uma sociedade em que o egoísmo está na base da lógica de ser e estar no mundo. Sofremos uma sensação de rejeição, de abandono, e buscamos ativamente pertencer a alguma coisa, nos sentir parte de algo, de um grupo, de uma relação, sem entendermos que grande parte desse sentimento decorre de termos tirado nós próprios da relação com o outro – pela indiferença. Já não precisamos mais ser rejeitados pelo outro, pois nos tornamos nossos maiores algozes, fazendo isso conosco.

Ao não se perguntar qual é o seu legado, vulgarmente falando, você dá um tiro no próprio pé. Ao mesmo tempo que nega que tenha algo de seu para ser ofertado ao outro (seu tesouro), também se recusa às conexões com as pessoas e com o futuro, que são essenciais para o seu próprio bem-estar psicológico e social.

Mas, como disse, há também consequências para os outros. Ao negarmos essa relação, ao não colocarmos nossa energia nessa relação, estamos dizendo ao outro: "você não é importante!"

Sem perceber, estamos nutrindo uma sociedade cada vez mais autocentrada, pois, na exata medida em que não me sinto importante nem pertencente a algo, preciso fazer tudo por mim mesmo. E aqui é outro indiferente que se lança ao mundo, em uma sensação de desamparo e constrangimento do tipo: "se eu não fizer por mim, ninguém fará". A sociedade assim tem sobrevivido, com o outro se sentindo como um náufrago, à deriva, em busca do mínimo para sua sobrevivência psíquica, tão atordoado com a sua desconexão e os seus conflitos que também se faz indiferente aos demais.

A indiferença, portanto, tem alimentado uma sociedade cada vez mais egoísta, uma vez que vamos aprendendo que cada um só deve pensar em si, que não devemos esperar nada dos outros e, por consequência, nem pensar no que temos a lhes oferecer. Mas como teríamos chegado até aqui se cada pessoa agisse seguindo essa perspectiva?

As perguntas que me faço são: onde isso vai parar? Quando isso vai parar? A partir de quem esse ciclo de indiferença e de desconexão vai se romper? Vamos continuar esperando que as grandes personalidades ofereçam algo para as multidões, que os gênios transformem a sociedade, ou será que somos nós quem precisamos nos reconhecer como parte desse processo, onde cada um assume um novo papel e um outro lugar?

A vaidade como legado

É difícil refletir sobre a indiferença e reconhecê-la em nós, e a vaidade impõe o mesmo desafio. Associamos a pessoa vaidosa com a imagem daquelas mulheres ricas, andando com joias e vestindo roupas caras, ou com a dos homens de meia-idade que gastam uma fortuna para tentar manter a aparência de jovens e permanecer bem-vistos. Por isso logo nos "livramos" desse diagnóstico, afirmando que não somos vaidosos.

Como forma de escamoteamento, alguns desavisados têm tentado embelezar a própria vaidade, o que seria o cúmulo de um ato vaidoso! Cria-se uma rede de argumentos para colocar a vaidade no campo do autocuidado, relacionando-a à pessoa que gosta de se arrumar ou que se preocupa com a sua aparência. Outros afirmam categoricamente que "Todos precisam de um pouco de vaidade", quando na verdade estão fazendo oposição ao desleixo, ao descuidado, e disso ninguém discorda.

Entretanto, se entendemos a vaidade mais pelo âmbito psicológico do que pela dimensão comportamental, descobrimos que ela não é oposição ao descuido ou à falta de cuidado consigo ou com sua aparência, e sim, o oposto da simplicidade, da humildade, da consciência de qual é o seu lugar e da capacidade para se sustentar nele, seja essa pessoa rica ou pobre, bonita ou feia. A questão, olhada pela psicologia profunda, é muito mais delicada e frequente do que podemos imaginar e está diretamente relacionada à questão do legado.

Então vamos primeiro definir a vaidade e enxergar seus traços em nossa vida, para daí extrapolarmos para a questão do legado.

A vaidade se pauta no forte desejo de admiração, sendo sinônimo de ostentação e exibicionismo. Por isso afirmei que não faz sentido alguém dizer que "Todos precisam de uma certa dose de vaidade". Todos certamente precisam de asseio, de autocuidado, mas não de vaidade, embora ela esteja presente na vida de praticamente todos nós.

A vaidade tem os traços da presunção, do orgulho, do desejo de mostrar o que se acredita ter ou ser, em um movimento de autopromoção, de projeção pessoal. Mas aqui mora o grande perigo do tema e se escondem os escamoteamentos, pois há um discurso religioso muito forte de autopromoção pela simplicidade, de projeção pessoal pela humildade – como se isso fosse possível. O fato é que pela vaidade estar ligada à ideia de pecado, de algo ruim, poucas pessoas assumem o desejo de se promover, de se exibir, não porque não sejam vaidosas, mas sim, porque têm receio dos julgamentos e das críticas, colocando-se em um suposto lugar de simplicidade e de introversão, que consciente ou inconscientemente, continua sendo um ato de vaidade, mas agora às avessas.

Na atualidade a tal simplicidade virou o novo artigo de luxo, de embelezamento, e assim, por não irem ao encontro das questões profundas da personalidade, as pessoas mudam apenas a forma de se promover e de se exibir. Hoje, então, nos exibimos ao dizer que já não precisamos mais dessas "coisas" de dinheiro ou que não procuramos mais por exterioridades, usando roupas simples, mas lá no fundo fazemos isso porque sabemos que as pessoas vão achar bonito. Outros caminhos "embelezados" de autopromoção e exibicionismo têm sido as práticas sociais.

Sendo assim, alguns procuram fazer caridade e se envolver em certo serviço social como forma de garantir um lugar no céu ou de serem vistos como pessoas boas. Isso não é a definição de vaidade?

Não quero assustar você e dizer que toda a intenção que move alguém é pura vaidade. Já saímos desse lugar unilateral e reducionista para compreendermos o ser humano como resultante de uma interação de forças, e uma delas é a vaidade – e como costumo dizer: está tudo bem!

Nessa onda de espiritualidade e novas práticas, a disciplina, a meditação e o vegetarianismo estão ganhando bastante ibope. Não queremos ser preconceituosos, mas certamente esses exemplos caberão a algumas pessoas, pois temos analisado um bom número de pacientes que descobrem que estavam usando da disciplina para se promoverem, considerando-se superiores aos demais por conseguirem acordar cedo para fazer caminhadas e exercícios. Outros se promovem pelo tempo que dedicam à meditação e, com palavras aparentemente humildes, tentam motivar os demais ao dizerem "Se eu consegui, você também consegue", sem identificar o traço de superioridade que os envolvem. Ainda nesse âmbito, alguns vegetarianos se sentem melhores do que os carnívoros, e há veganos que criticam os vegetarianos, pois, mais do que preocupados com a sua filosofia de vida, há muitos por aí usando dessas posturas para se promoverem, para ostentarem ou para se sentirem admirados pelos demais[5].

Não estou aqui tecendo uma crítica aos vaidosos ou fazendo qualquer tipo de recri-

---

5 A obra do mestre tibetano Chögyam Trungpa Rinpoche (2016) é um ótimo alerta. Ele fala das armadilhas do caminho espiritual, no que chama de materialismo espiritual (que é o título da obra). O mestre alerta às pessoas que até as práticas espirituais podem ser usadas pelo ego como forma de se alimentar.

minação, ainda mais porque também faço parte desse grupo. Meu intuito é trazer à tona esse comportamento, que está muito mais presente em nossas vidas do que imaginamos. Acredito que somente quando aceitamos essa realidade nua e crua, parando de tentar embelezá-la, é que conseguimos analisar com mais profundidade qual o sentido dela em nossas vidas, o que ela fala de nós e como lidamos com essa realidade, em vez de querermos simplesmente deixar de ser vaidosos.

A vaidade e o legado

Reconhecendo que somos, a maioria, um tanto vaidosos, podemos transpor o tema para a questão do legado. Mais do que nunca, a pergunta "Qual é o seu legado?" tem sido feita através de reflexões e palestras ou mesmo através de exemplos em biografias, livros e filmes. Por essa via, começamos a identificar que várias pessoas têm se questionado sobre o próprio legado e fazendo disso o sentido de suas vidas, como meios de autopromoção, de destaque e de envaidecimento. São desejos bem escamoteados, como aquelas práticas espirituais, que não evidenciam rapidamente a intenção, mas que, no final, estão a serviço do desejo egoico de admiração, mais do que da transformação social ou da contribuição com a vida do próximo.

É uma análise delicada porque, na maioria das vezes, o desejo exibicionista está escondido até do próprio sujeito. Ele enxerga apenas a vontade de deixar um legado que dá até um tom de nobreza, já que, ao contrário da indiferença que relatamos anteriormente, parece haver um compromisso com o coletivo. Em certos discursos, há um tom de generosidade e de cuidado com o outro que se beneficiará daquilo que lhe será ofertado, sem que haja a percepção de que o desejo de estar no lugar daquele que oferta é a maior recompensa. Aqui está, silenciosamente, a projeção pessoal, que se faz pelo desejo de ser grande, de deixar algo, de ser lembrado, de se imortalizar.

Então, como eu dizia, alguns usam joias e roupas caras, outros se vangloriam da disciplina ou dos trabalhos voluntários, outros se exibem com práticas sociais, dietas e posturas minimalistas, e outros se promovem tendo em vista um suposto legado.

Novamente se faz importante ressaltar que aqui minha intenção não é criticar esses comportamentos, mas sim trazer luz àquilo que pode estar ofuscado dentro de nós. Para garantir que esse objetivo esteja mais próximo de ser atingido, fica sempre o meu convite para você se utilizar de todos esses exemplos que dou e relacioná-los apenas com você, sem pensar em outras pessoas, sem tentar analisá-las ou julgá-las. A única pele que habitamos é a nossa própria, e já é tão difícil compreender o que é estar nesse nosso lugar e vivê-lo com transparência e verdade, quanto mais querer compreender o lugar e a verdade do outro. Então pare e vá pra dentro de si!

Para conseguirmos analisar melhor a questão do legado e da vaidade, precisamos enxergar o que há por trás dela, ou seja, o movimento psicológico, interior, que se expressa em um comportamento vaidoso.

Supomos que a vaidade é uma compensação do sujeito que não consegue encontrar a própria beleza. Ele não se reconhece como alguém merecedor de atenção e valorização e por isso tenta ser mais, em uma fantasia egoica de que assim conseguirá o que acredita precisar.

Podemos dizer que a vaidade é proporcional à dificuldade do indivíduo para reconhecer e suportar o seu lugar no mundo –

pequeno, imperfeito, frágil –, que chamamos de condição humana. Concluímos que, para as pessoas tomadas pela vaidade, "a condição humana não é merecedora de amor, de respeito, de consideração – é preciso ser mais" (REIKDAL, 2022, p. 218).

É um tanto constrangedor chegar até aqui, desvelando nossas almas dessa forma, porém isso se faz necessário. Quantas vezes desejamos contribuir em alguma coisa, fazer algo para o outro, deixar uma marca, mas por trás disso está o desejo de se sentir superior, importante, eterno?

Certamente outras questões surgem para aqueles que começam a tomar consciência: "Então não vou mais ajudar as pessoas?", "Então devo abandonar meu desejo de deixar um legado?" ou "Então não devo mais investir nos projetos em que estava trabalhando?" Claro que não! Essas são perguntas ainda vaidosas do sujeito que percebe suas "imperfeições" e agora quer se corrigir a "golpes de machadada" e fazer tudo certo de uma hora para a outra.

É sempre bom lembrar que a vida não é uma sala de aula conduzida por uma professora rígida que dá estrelinhas para os bons alunos e pune os maus. É preciso ir além! Não quero ajudar você a trocar os critérios que definem se você vai se sentir bem-sucedido e evoluído. Quero ajudá-lo a construir uma forma diferente de estar no mundo, que se sustente no próprio valor.

A tomada de consciência de que a vaidade tem movido a intenção de deixar um legado desvela um estado da alma que precisa de acolhimento. Analisando a vaidade, identificamos a inconsciência sobre a própria pequenez ou pobreza, que talvez nos assuste. Quem sabe seja uma fragilidade que anuncia o medo de sermos esquecidos, de não termos importância, de não termos lugar. Esse reconhecimento suscita o auto-cuidado, como se nos pegássemos no colo e precisássemos dizer para nós mesmos: "Calma, está tudo bem! Não precisa ter medo!"

E mais: precisamos dizer para nós mesmos que não será na materialização de um legado que vamos nos sentir diferentes, pois esse estado meio constrangedor é condição existencial, precisa ser suportado e vivido com dignidade, não com fugas ou compensações. Então, fazer ou não fazer pouco importa agora. O mais importante é conseguir olhar para dentro de si, com coragem, com respeito, com amorosidade, para atender a esses medos, a essas inseguranças.

O legado da vaidade

A vaidade, assim como a indiferença, tem um legado pesado, que é deixado sem ser percebido. Quando somos movidos pela vaidade, produzimos mais danos do que supomos, mas, como eles são psicológicos, emocionais, parece que podem ser despistados – obviamente que só a curto prazo. O centramento no desejo de ser visto produz um esvaziamento do lugar que damos ao outro e a nós mesmos.

Byung-Chul Han (2020), em *Agonia do Eros*, mostra que, na sociedade do desempenho, há uma dificuldade de reconhecimento do outro e um excesso de potencialidade por trás do discurso de que você pode, o que gera um estado de adoecimento. Ser melhor, produzir mais, fazer mais – nesse caminho, o sujeito do desempenho está tão imerso em si que se torna incapaz de se interessar pelo outro. Para ele, "o sujeito de hoje, voltado narcisicamente ao desempenho, está à busca de sucesso [...]. Ali, o outro que é privado de sua alteridade, degrada-se em espelho do um, que confirma a esse em seu ego" (HAN, 2020, p. 10-11). O outro só tem significação para nós se conseguimos, a partir dele, encontrar de algum modo a nós mesmos. Essa, para Han, é a agonia consequente do desaparecimento do outro, que não é visto e sentido em sua alteridade.

O legado da vaidade tem sido a perversão dos próprios valores, pois a meta a ser alcançada é o elemento principal, e parece que quase tudo é válido para se obter a meta. Quando desejamos nos promover por meio de um legado, o centramento está em nós, muito mais do que no outro, e por isso há uma perversão da própria definição de legado.

A consultoria de imagem ganha espaço nesse contexto, interferindo na roupa, no cabelo, no gesto – não para que o indivíduo se encontre e expresse melhor quem ele é, mas sim justamente o contrário: para receber a atenção do outro. Com esse fim, o sujeito se molda àquilo que é supostamente esperado, e todos saem feridos, uma vez que a mentira contada machuca o mentiroso e os que acreditaram nela. A política, por exemplo, para muitas pessoas, virou mais uma estratégia de *marketing* do que uma questão filosófica, econômica, existencial. Certos políticos não elaboram mais seus discursos, apenas repetem discursos escritos por uma outra pessoa a partir de uma grande análise de mercado, de opiniões, de interesses, alcançando assim o desejo do outro.

E a pergunta é: como vive um sujeito desconectado da sua verdade, da sua autenticidade, dos seus valores e daquilo em que realmente acredita? Mais: quanto dos sentimentos de solidão, vazio e angústia e das alterações de sono, alimentação e desejo é consequência dessa perversão toda?

O discurso é de cuidado e preocupação com o outro, mas o desejo final, silencioso e camuflado, é conseguir um lugar ao sol – muitas vezes conquistado à custa do outro.

O capitalismo e o *marketing* selvagem são *experts* nisso, tentando criar necessidades nas pessoas para que elas acreditem precisar daquele produto ou, quando não, oferecendo um resultado que não é verdadeiro. As mensagens subliminares, as insinuações, as imagens por trás das palavras, tudo vai ao encontro das fragilidades e das fraquezas humanas, para prevalecer e alcançar-se o objetivo egoísta.

Se há perversão de valores, há também outras ações de desconsideração que logo vão aparecer, pois as parcerias tornam-se interessantes apenas quando se está ganhando, e cada um só buscará aquele que pode ser degrau para seu próprio crescimento. Toda vez que estivermos centrados apenas em subir, e subir o mais alto e o mais rápido que pudermos, não haverá espaço para o outro que está embaixo, para aquele que pode se beneficiar com nossa presença, com nossa ajuda, a não ser que, de algum outro modo, a gente também saia ganhando.

Qual é a consequência desse padrão para a sociedade? Hoje se fala no cooperativismo, no pequeno produtor, nos produtos orgânicos, mas quem está disposto a pagar mais ou a fazer investimentos quando a maioria está preocupada apenas com os próprios benefícios a curto prazo?

O legado da vaidade é o empoderamento dos grandes à custa das relações, em um "salve-se quem puder" que também produzirá danos para nós mesmos. A busca pelo destaque e pela conquista que repercutirão no tempo e nos farão ser lembrados ao longo dos anos deixa um outro legado silencioso que precisa ser reconhecido por todos nós.

Em poucas palavras, usamos dos outros para nos sentirmos importantes, para acreditarmos que temos um valor. No entanto, sem perceber, nós nos esvaziamos de nós mesmos em um comportamento vicioso, de querer mais e mais aplausos, *likes* e reconhecimentos, muito embora nada disso possa realmente nos preencher e dar sentido à nossa vida. Estamos doentes, e um dos nomes para essa doença é egoísmo.

Sendo assim, seja por qual via for, caímos na questão do sujeito centrado em si. Agora é possível nos debruçarmos sobre esse tema, analisando como o egoísmo está presente em nossa vida, delineando nossas ações muito mais do que imaginamos.

Análise do egoísmo

Um dos grandes desafios da Psicologia é adentrar o cotidiano, levando as pessoas a pensarem suas vidas por um ângulo mais profundo, menos naturalizado, e fazendo-as identificar que cada escolha e comportamento têm nascentes mais profundas, intenções por vezes desconhecidas e forças inconscientes, que atuam quase como determinantes de quem somos.

Quando as atitudes fogem ao que predomina na sociedade, somos mais facilmente levados a inquirir o que há por trás daquelas ações, por exemplo, quando um adulto entra armado em uma escola, matando pessoas desconhecidas e inevitavelmente nos perguntamos: "O que leva uma pessoa a agir assim?" Ficamos chocados com a atitude que era completamente inesperada e começamos um importante processo de compreensão do ser humano. Com essa postura, temos descoberto muito a respeito de nós mesmos, e isso impulsiona o progresso da humanidade.

No entanto, há entre nós inúmeros comportamentos vulgares, adoecidos, realmente problemáticos, mas que estão dentro de uma curva de normalidade. Por serem altamente frequentes, não se tornam alvo de nosso questionamento, nem na academia, nem no cotidiano.

Quando chega ao público a notícia de uma mulher que, em um país distante, vivia em cativeiro e era obrigada a manter relações sexuais com animais, ou outra notícia bizarra, isso se torna tema para especialistas, para os jornais e para as discussões na hora do almoço entre milhares de pessoas, até desconhecidas entre si. Porém a discussão sobre as causas da pobreza e das desigualdades sociais corre grande risco de nunca chegar ao debate em família ou entre amigos, nem por ricos nem por pobres. O mesmo descrédito se dá aos dramas do consumismo exagerado, de quem gasta mais do que tem ou dos problemas alimentares que afetam mais de dois bilhões de pessoas pelo consumo excessivo e inadequado.

Esses são só alguns exemplos para explicitar um pouco do nosso funcionamento e da forma como empenhamos o conhecimento e a inteligência. Tendemos a dar mais atenção àquilo que não é comum ou que está distante de nós, com grandes dificuldades de enxergarmos a verdadeira realidade de que fazemos parte, a que estamos submetidos e que construímos todos os dias, negligenciando graves problemas psíquicos, relacionais e sociais e, por fim, normalizando-os. E o pior é que essa postura é tão forte que nos faz estranharmos qualquer pessoa que se levante contra essas concepções ou que não se submeta a esses padrões patológicos de uma comunidade adoecida, na qual é normal uma pessoa ter uma vida sem sentido, passar a semana esperando a sexta-feira ou se nutrir com a ideia de poder gozar das férias uma vez por ano.

O egoísmo é um desses temas complexos de serem analisados, porém precisa receber nossa atenção para que não nos destrua em definitivo. Ele está na base de nossas concepções, mas de modo silencioso, deteriora-nos de forma quase imperceptível.

O primeiro elemento que torna complexo analisar o egoísmo é não ser clara a fronteira que delineia o saudável e o adoecido, se é que ela existe. Muita gente tem um medo enorme de ser egoísta, e isso faz com que caiam em um outro extremo, o de suposto altruísmo e de dificuldade para dizer não ou requisitar coisas para si, a fim de evitar qualquer tipo de aproximação com o tema pecaminoso.

Esse tipo de pessoa, no consultório psicológico, precisa ser apoiada ou estimulada pelos psicoterapeutas a cuidar de si, a conseguir dizer não, a aprender a estabelecer limites, a organizar melhor o tempo em função das suas necessidades. Mas há muita dificuldade nisso, pois parece que qualquer ação que tenhamos em função de nós mesmos seria um ato egoísta.

O segundo elemento que dificulta essa análise é nosso costume de nos prendermos aos comportamentos, sem perceber que a proposta das psicologias profundas é olhar para o que existe por trás da ação, e não para ela em si. Se nos preocupamos com manifestações, medimos o comportamento para evitar o egoísmo e acabamos por deixar de identificá-lo em muitos outros lugares, onde ele está muito mais presente do que supomos – na base das intencionalidades, dos interesses e dos ganhos silenciosos.

O drama é este: ele se encontra tão enraizado em nossas atitudes que mal conseguimos reconhecê-lo, e por conta disso vamos naturalizando algumas ações que não são naturais, embora estejam devastando nosso mundo e nossas relações.

"Esquartejamos a ordem social beneficiando somente aqueles que nos interessam. Adulteramos inclusive a religião, imbuídos do sentimento egoísta, para satisfazer-nos. Envolvidos pelo egoísmo, temos dificuldade em lidar com as separações, com a morte, negamos a impermanência, adoecemos, resistentes ao movimento transitório que nos é imposto pedagogicamente pela vida" (REIKDAL, 2011, p. 195).

Esse sentimento, se assim podemos chamá-lo, está na base de inúmeras ações do nosso cotidiano, porém, pela sua predominância, tornou-se inquestionável e não recebe o mínimo de atenção e análise que merece. Parece até uma contradição, porque a grande maioria da população é afetada por ele diretamente, na medida em que o egoísmo está na base de praticamente todas as relações e todos os problemas sociais. Ainda assim, não damos atenção a ele, como se fosse "normal" e nada exigisse em termos de crítica, reflexão e análise.

O egoísmo nosso de cada dia

Comecemos pela definição, apresentando o egoísmo como "amor exagerado aos próprios valores a despeito dos de outrem; exclusivismo que leva uma pessoa a se tomar como referência a tudo" (HOUAISS, 2001).

Essas palavras criam em nós uma resistência quase imediata, pois são expressões fortes que colocam o ego em um estado defensivo, porque têm uma conotação bastante pejorativa que, se fosse relacionada conosco, logo nos veríamos como pessoas perversas, incapazes de estabelecer relações e de ter uma família ou amigos. Mas o que vamos descobrindo é que, embora a definição seja feita com palavras pesadas, somos muito mais egoístas do que podemos supor.

O exemplo mais impactante para mim é o do egoísmo materno. Gosto dele porque é o oposto do discurso predominante da maternidade, da entrega, do amor incondicional que as mães "deveriam sentir". Uma mãe é mãe de SEU filho, e não de qualquer filho, como era Madre Teresa de Calcutá. Por mais que o amor seja inegável, há ali um amor egoísta, pois a mãe sente algo diferente ao comparar o seu filho com o filho da sua irmã, por exemplo. Existe algo egoístico que nos mantém centrados em nós mesmos, mesmo em uma relação de doação. É como se conseguíssemos nos doar, mas só porque o ego está gratificado diretamente com aquilo, afinal é o filho DELA! Ao mesmo tempo, aquela mãe tende a sentir algo mais especial e ter atitudes diferentes em relação ao filho da SUA irmã do que em relação ao filho de uma desconhecida, pois é o sobrinho DELA. É um amor, mas está permeado pelo egoísmo, que estabelece relações, valores e direcionamentos sempre a partir do eu.

Esse exemplo é a exata definição do egoísmo, no sentido de autocentramento, de colocar-se como referência, mesmo estando em relação. Ele está muito mais presente do que imaginamos na nossa forma de agir e de ler o mundo. No caso da maternidade, por sermos egoístas, temos muita dificuldade em entender o que é importante para o outro, fazendo aquilo que nós mesmos consideramos importante. Se a escola é valorizada em nossa concepção, vamos querer que nossos filhos sejam bons alunos; se a etiqueta e o comportamento tiverem mais espaço dentro de nós, então isso será regra dura em casa. E assim vamos "educando" com base na nossa visão de mundo e, ainda mais, nas nossas feridas e dificuldades.

Se a pessoa viveu uma educação impositiva e castradora, ela geralmente toma um dos dois caminhos: ou reproduz o que vivia ou tenta fazer o oposto. Assumo que não sei se existe um percurso melhor ou um pior. Mas pergunto: você entende onde está o egoísmo? Tanto no primeiro caso como no segundo, você consegue perceber a questão do autocentramento, do tomar-se como referência a tudo? Na segunda situação, em que se faz o oposto, é um pouco mais difícil de identificar o egoísmo, no entanto, do mesmo modo que no primeiro caso, continua autocentrado, com a dificuldade de enxergar de verdade o outro, de perceber quais são as suas reais necessidades e de educá-lo a partir disso. Por exemplo, pelo pavor de ter vivido a opressão na infância, essa mãe ou esse pai, tentando ser o máximo afável e flexível, não consegue educar e colocar os limites de que os filhos precisam. Nesse sentido, o drama da primeira geração foi não ter voz e possibilidade de expressão. Agora, a segunda geração vive o drama de não ter freio ou limite.

Você percebe que os filhos continuam, como na geração anterior, não sendo vistos e educados à luz de suas necessidades? Mudaram os temas e as formas de as coisas acontecerem, mas na verdade o egoísmo continua lá, dominando as escolhas, despercebidamente. Esse é o maior aspecto que precisa ser conscientizado para ser transformado de alguma forma.

A mudança à qual me refiro não é uma questão de técnica, com adequação comportamental, embora possa parecer um bom exercício para o começo. Não é uma simples questão de aprender a se ajoelhar e conversar com a criança de igual para igual, sem aumentar a voz, pois o mundo está cheio de pais opressivos, que usam de voz mansa para continuar se impondo aos filhos, fazendo exatamente o que querem, com discursos de cuidado e amor pelo outro.

Eu sei que é extremamente constrangedor falar e tomar consciência disso tudo. Eu sou a primeira pessoa que vive essa sensação. Também tenho filhos e relacionamentos, também desejo ser uma pessoa melhor. Mas essa realidade não deve ser negada ou embelezada. Precisamos aprender a olhar para nós mesmos com lentes menos permissivas e, ao mesmo tempo, não julgadoras. É o olhar de quem quer realmente entender, mais do que se justificar ou ser absolvido. Então, digo a você para esperar e reconhecer, pouco a pouco, que isso não é normal nem saudável como imaginamos. Já que estamos imersos nisso, precisamos encontrar outras saídas, que só virão de dentro para fora, pelo despertar de nossa consciência, muito mais do que pela mudança de comportamentos que apenas camufla a precária condição atual.

Vamos olhar para o egoísmo nos relacionamentos. Você já ouviu a história de alguém que se casou com um morador de rua ou alguém desfavorecido para poder lhe oferecer uma vida mais digna e oportunidades que essa pessoa nunca teve? Não! Eu quero me casar com o homem ou a mulher da MINHA vida. Eu busco uma pessoa que atenda aos MEUS desejos, que será bom para MIM, que supra as MINHAS expectativas, que ofereça o que EU preciso.

E mais: depois que o casal começa uma vida a dois, a maioria vê o caos ser instalado, pois são duas pessoas distintas, geralmente de uma cultura familiar bastante diferente, e que agora precisam viver na mesma casa, tomar decisões juntas, estabelecer rotinas semelhantes e construir algo que comporte as duas realidades em uma só. O egoísmo grita nessa hora, já que cada um tem determinados valores e concepções do que é melhor ou pior, mais ou menos valorizado. Como decidir juntos os gastos financeiros, as economias, o uso do tempo, a importância do trabalho?

Quando chegam os filhos, aquelas arestas que não foram aparadas se tornam postes imensos, impedindo o bom desenvolvimento da família. Afinal, os pais foram educados de forma diferente. Como será agora? Muitas vezes sentimos que o filho é o que temos de mais importante na vida, então vivemos intensamente aquela experiência. Por isso somos transbordados pelo egoísmo.

Os adultos trazem inconscientemente suas feridas não curadas, seus medos, suas dores, e projetam seus conteúdos nos filhos, sem conseguir realmente perceber o que poderia ser diferente. Não existe nem a concepção de "o *meu* ou o *seu* jeito", pois é considerada apenas a MINHA forma de agir como a correta. Então, "para o bem do outro", será assim e pronto!

Muitas relações não têm mais do que conversas infrutíferas, porque a preocupação não é adentrar o mundo da pessoa com que se dialoga para compreender seus sentimentos e o que é estar na pele dela. Queremos expor nosso próprio ponto de vista e esperamos que o outro acolha isso. Desejamos provar para o outro nossa própria tese, e quem tem melhores argumentos e maior poder de persuasão que vença a batalha.

Vejo na atualidade um "egoísmo compartilhado", que pode parecer uma tentativa de superação do egoísmo, mas ainda tenho as minhas dúvidas. Essa situação se revela quando um dos lados diz: "Ok, você decide isso, mas nisso aqui sou eu que decido". Essa já era a polarização de muitas famílias, nas quais o marido colocava o dinheiro em casa e não se intrometia na educação dos filhos, e parece que não temos evoluído muito em termos de dinâmica. Só estão mudando os critérios, os temas.

O que sinalizo com esse exemplo é que muitas vezes não há um exercício de transformação pessoal, de descobrimento de como é enxergar o mundo por outros olhos que não sejam os meus ou as minhas lentes complexadas. Não há um verdadeiro descentramento ou pelo menos o desejo de aprender isso. O que há é uma submissão de um lado e uma imposição de outro, para compensar a sensação de perda e produzir um suposto equilíbrio.

Submeter-se não é o mesmo que transformar-se. Há pessoas que estão se submetendo, e por isso, estão se machucando muito mais do que imaginam, por vezes até se traumatizando. Elas levam a relação entre ganhos e perdas, sem aprender uma dinâmica interior mais saudável, quase em um "bate e apanha", cansativo e desgastante, que ao longo dos anos termina por esvaziar a relação.

Outro exemplo constrangedor está na ação social. Os trabalhos voluntários inicialmente parecem um amor puro, uma doação, até que, analisando em mais detalhe, percebemos que eles revelam o egoísmo presente em suas bases. A maioria das causas sociais teve um começo na própria dor. Muitas campanhas que ganharam dimensão nacional ou mundial foram promovidas por pessoas que de fato viveram aquela situação na própria pele ou, pelo menos, tiveram um familiar muito próximo que passou pela experiência. Por serem afetados, iniciaram alguma ação, em uma imagem, consciente ou não, de curarem as suas dores ou a de seus amores por meio daquele "ato caridoso" em relação ao outro.

Não quero soar cruel, muito menos julgar pessoas. Estou apenas dando alguns exemplos de situações que existem e que podem nos levar a enxergar um possível ângulo desconhecido do amor, mais egoísta do que imaginávamos.

Isso me faz recordar a experiência que tive em um grupo de prevenção do suicídio que iniciei em 2015, quando morava em Curitiba. Desde que comecei a trabalhar no hospital psiquiátrico, anos antes dessa situação, eu fiquei em choque com a presença do suicídio na sociedade e com o fato de os casos de suicídio passarem despercebidos por nós[6]. Após uma vizinha de quem eu não gostava muito e a quem eu nunca tinha dado

---

6 A Organização Mundial da Saúde (2000) elaborou um documento chamado *Prevenção do suicídio: um manual para profissionais da mídia*, que orienta a divulgação dos suicídios de uma maneira apropriada, acurada e cuidadosa. Deve-se evitar as especificidades e divulgar apenas aquilo que seja relevante em termos de prevenção. Por isso, quando o vizinho do prédio do lado comete suicídio, se não formos avisados pessoalmente por alguém que comente o caso, não ficaremos sabendo do ocorrido. Com isso, vamos construindo a falsa sensação de que os suicídios não estão acontecendo em nossa cidade.

atenção, ter cometido suicídio, em um misto de culpa e de desejo de transformação social, anunciei minhas intenções de preparar pessoas para trabalharmos com a prevenção do suicídio em Centros de Atenção Psicossocial, Unidades de Saúde, instituições religiosas etc. Reuni mais de 150 pessoas, quinzenalmente, por quase dois anos. Tínhamos discussões riquíssimas, estudos em grupos, convidados, em momentos intensos e profundos, até que chegou a hora de nos organizarmos para as atividades práticas, e eis que, para minha surpresa, estávamos em pouco mais de 10% dos participantes iniciais. Chocado, entrei em contato com algumas pessoas, pedi notícias por outros e assustadoramente descobri que a grande maioria estava lá apenas para adquirir conhecimentos com o "psicólogo Marlon", que admiravam, para lidar com SEUS familiares ou tentar encontrar consolo para as SUAS dores. Ao obter o que queriam, com raras exceções, fizeram-

-se indiferentes à causa, a uma problemática que também lhes tocava, no entanto a que eram incapazes de se dedicar um tanto mais.

O egoísmo é um drama presente entre nós, mas que atua silenciosamente, passando despercebido de nossas análises mais sinceras, dizimando a sociedade, negando o impulso de transcendência para o coletivo, destruindo os vínculos e nos infelicitando, sem que entendamos direito por que sofremos.

É grave a situação! Só temos olhos para nós, e mesmo as pessoas que dizem que querem fazer o outro feliz, geralmente se colocam nessa situação porque dependem da apreciação do outro. É o mesmo caso das pessoas que dizem que amam mais o outro do que a elas mesmas – isso para mim não existe. São aspectos inconscientes, necessidades relacionadas aos complexos psicológicos de desvalor, de inferioridade, que fazem acreditar que se fizerem o marido ou a esposa feliz, ele ou ela os valorizará, porque, desconhecendo o próprio valor, precisam ser importantes para alguém. Com frequência há o desejo de fazer muito para o outro como forma de se sentir insubstituível, para, na fantasia, jamais correr o risco da rejeição ou do abandono, outro complexo muito atuante nessas relações. Então, mesmo na suposta eleição do outro em diferentes tipos de relacionamentos, percebemos que o eu é que está em jogo na maioria das vezes, declarado ou camuflado, usando as pessoas e as relações para atender a questões de ordem pessoal e alimentando cada vez mais o egoísmo.

Ainda, para ampliar esse rol de exemplos, quero falar dos casos em que fazemos algo pelo outro, algo que até se caracteriza como uma doação ou algo parecido, porém o fazemos desde que isso não exija demais de nós mesmos – ou que a balança prazer x desprazer não seja desconfigurada pela relação eu x outro.

Damos algo, gostamos do convívio, apreciamos a atividade para a qual nos doamos porque gostamos de quem somos quando estamos fazendo aquilo. Mas basta experienciar o primeiro desentendimento ou os momentos quando não fomos bem recebidos ou valorizados para nosso egoísmo ser posto em xeque. Damos do tempo que nos sobra se aquilo não nos exige muito, se não afeta outros de nossos interesses, pois, se assim for, logo se evidencia que estamos na tarefa muito mais em função de nós mesmos do que dos outros. No caso de um valor doado, aquilo nos satisfaz, e damos facilmente porque não nos fará falta. Damos porque nos sentimos bem naquela situação. Então, é fácil dar uma gorjeta quando há dinheiro sobrando no banco e aquele valor não afeta nada de nossa rotina ou nenhum de nossos prazeres. Contudo, se a situação exige um desbalanço, se o outro tem um lugar de importância a ponto de afetar nosso lugar cômodo e confortável, a grande maioria da humanidade dá um passo atrás e revela o lugar egoísta de onde nunca saiu de verdade.

Oferecer algo ao outro pode ser também uma forma de alimento para o nosso egoísmo: eu me sinto melhor por ser o que ajuda, por estar em um lugar de superioridade, por ser o maior ou o melhor. Afinal, se o outro não nos reconhecer, ou não nos agradecer, ficamos um tanto desapontados, quando não enraivecidos. E sim, pode haver mais camuflagens do egoísmo naquelas situações em que dizemos para nós mesmos que não queremos que os outros saibam, e mesmo assim nos sentimos felizes. Não percebemos, no entanto, que certas vezes esse contentamento vem não do encontro com o outro, do reconhecimento dele e de suas necessidades, mas sim do fato de nos vermos como a pessoa boa. Desse modo, ainda que ninguém saiba, podem ser atitudes que me coloquem mais perto dos meus ideais, de minhas exigências e de minhas fantasias de perfeição. Se assim for, por estar me colocando como referência, então já sabemos como nomear isso!

Somos egoístas. Isso para mim é inegável após anos analisando o comportamento humano e acompanhando a vida de centenas de pacientes. O que ainda me assusta não é isso, mas sim a naturalização do egoísmo, fazendo com que ele se torne invisível e, por consequência, inatingível.

Os aspectos humanos do egoísmo

O primeiro desafio é conseguir enxergar o egoísmo na própria vida, sem camuflagens, sem embelezamentos, sem repressões, sem esconder de nós mesmos a realidade. Ele está ali, determinando muitas das escolhas e na base de inúmeras ações. Não chame isso de autoamor, nem de autovalorização. Digo mais: não se atrapalhe querendo nomear dessa forma para classificar os sentimentos, pois isso tem gerado mais confusão do que auxiliado. Vejo as pessoas tentando mudar o significado dos termos em vez de tentar analisar os sentidos, as forças internas. Fique com isso, a coisa nua e crua, e a chance de se equivocar será menor.

Assumir que somos egoístas é reconhecer que somos quase cegos para o outro, para suas dores e necessidades, e que temos uma dificuldade imensa de nos descolarmos de nós mesmos para enxergarmos além disso, no nosso entorno.

O egoísmo parece uma doença alastrada, que leva desde o uso dos filhos como vitrine para autopromoção dos pais até à guerra e aos abusos de toda ordem. Naturalizado por nós, tem nos conduzido literalmente à loucura. Mas se ele está tão presente e se traz tantos prejuízos e insatisfações para o próprio sujeito e seu entorno, o que há de representar? Qual a relação disso com a realidade atual, com a cultura, com a educação, com as necessidades humanas?

Embora o egoísmo tenha todos esses contornos destrutivos, precisamos aprender a fazer uma análise psicológica dele ao invés de defini-lo como um problema e tentar eliminá-lo. Essa é a base do autodescobrimento como filosofia de vida.

Uso a expressão "análise psicológica" em contraponto às análises religiosas ou moralistas que ainda insistem em diagnosticar o comportamento humano sem bases científicas, psicológicas, sociais ou pedagógicas para tal, e que tenta eliminá-lo com se pretende eliminar um vírus ou uma bactéria pela ingestão de remédios.

Essas posturas religiosas medievais, de negação da condição humana, impositivas e castradoras, já foram denunciadas por inúmeros autores como Michael Foucault (2014), que delata os dispositivos disciplinares de normalização, opressão e constrangimento. O Século das Luzes tentou romper com isso e com os discursos repressores e punitivos, convidando o homem a fazer uso da razão. Porém, de uma forma um tanto incompreensível, ainda estamos muito aferrados ao modelo anterior de funcionamento e nos enredamos em outros mecanismos sociais, discursivos e psicológicos, cada vez mais sutis, mas que continuam a fazer a manutenção daquelas antigas dinâmicas de poder, opressão e exclusão, que ainda governam a atualidade.

Uma das forças que mostra estarmos presos a esse funcionamento é o pavor que temos da rejeição e do abandono. Os discursos de "erro", de "pecado", de "inferno" tocam diretamente nas nossas feridas e nos controlam de uma forma que o raciocínio parece impotente. São feridas existenciais, presentes na maioria das pessoas, mais ou menos explícitas, mas que nos mantêm presos no mesmo lugar de subjugação. Pelo medo de sermos excluídos, de não pertencimento, nos escondemos de nós mesmos, já que irrefletidamente parece que, ao assumirmos nossas fragilidades, vulgaridades, mesquinharias, loucuras e falhas, nos tornaremos piores e não teremos lugar no mundo, nem quem nos aceite por perto. Mas isso é verdade? Será que algo mudaria assim gravemente? Afinal, se somos aquilo, talvez as únicas pessoas que não enxerguem aquelas características sejamos nós mesmos... E quem vai ter tanto gosto de nos excluir, se estamos praticamente todos no mesmo barco? Seremos expostos pelos "novos hipócritas"? Seria assim tão importante esse tipo de pertencimento? Então, vamos com calma!

Há uma importante teoria das crenças centrais de desamparo, desamor e desvalor que pode ser um ótimo instrumento para auxiliar as pessoas a suportarem a condição existencial, sem mais intensificarem seus medos nem suas feridas pelas interpretações distorcidas que fazem de si e do mundo. Embora eu não tenha formação em terapias cognitivas, aprendi com meus colegas bastante coisa sobre essas crenças centrais que tanto limitam as pessoas[7].

É necessário utilizarmos os recursos ao nosso alcance para não sermos destruídos por alguns pensamentos que destrambelham o ser humano, especialmente em determinadas fases mais críticas da vida. No entanto, ao mesmo tempo que não podemos ser simplesmente dragados por eles, não podemos querer eliminá-los por completo, achando que a adaptação comportamental

---

7 Essa abordagem foi elaborada pela psicóloga norte-americana Judith S. Beck (1954-), filha de Aron T. Beck, o pai da Terapia Cognitivo-Comportamental, que teorizou sobre as crenças centrais ou nucleares.

tem o poder de transformar a dinâmica psíquica. Precisamos achar um equilíbrio para transitar por essas forças que estão em nós, sem negá-las e sem sermos tomados por elas. Em alguma medida, devemos aprender a nos sustentar em determinados lugares existenciais, mesmo com angústia ou com desconforto – é o que tanto eu falo do "aprender a suportar".

Estamos aqui falando da condição humana, que precisa ser encarada. Ela não é bela para nós, porque ainda somos muito produto desse mundo materialista, de aparências e de exterioridades, infantilizado, como se morássemos em um parque de diversões ou estivéssemos o tempo todo em uma passarela ou em um palco. Pela dificuldade de suportarmos a condição humana, com todos os seus traços de imperfeição, solidão, fragilidade etc., fazemos movimentos intensos de negação de quem somos, de repressão das nossas características e de supostas transformações para melhor – são as novas máscaras, refinadas, que, em vez de nos transformar, mais nos distanciam dessa genuína possibilidade (REIKDAL, 2022).

O autodescobrimento como filosofia de vida nos convida a compreender o egoísmo pelo ângulo interior, ou seja, a tentar identificar quais fatores nos levam a agir assim, oferecendo tão pouco ao outro, sempre nos colocando na centralidade, com dificuldade de nos envolvermos em uma relação genuína.

Quais são os empecilhos interiores ou as limitações psicológicas que o egoísmo revela? Quais são os impedimentos interiores que inviabilizam a doação, a entrega, o envolvimento e o amor, para podermos enfrentá-los por dentro?

Simplesmente evidenciar o egoísmo e querer mudar sem uma análise mais profunda nos coloca de volta nos modelos antigos de educação, nos quais se acreditava que pela imposição, pela repressão e pelo simples esforço tudo poderia mudar. O próprio filósofo Byung-Chul Han (2020, p. 11) me assustou outro dia quando abordou a "denegação espontânea do si mesmo". Se não lemos com atenção, caímos nas resoluções fáceis, nos aconselhamentos vazios das autoajudas e no delírio do pensamento positivo que acha que tudo resolve.

A presença de Eros em nossas vidas, que, na tese de Han (2020), favorece a conexão com o outro, não é uma simples escolha do ego. Não existe um querer que possa determinar o sentir ou o prazer e transformar os sentimentos por simples escolha da consciência.

Alguém por acaso começou a amar o outro no exato momento em que decidiu que deveria amar aquela pessoa? Seria uma escolha do raciocínio ou o sentimento é o somatório das experiências (e dos mistérios da vida) luarizadas pelo raciocínio? Temos ao nosso alcance a possibilidade de alimentar ou não algo em nós, por exemplo, um ódio que sentimos por alguém. Esse é o nível da civilização, em termos de autocontrole e da capacidade de conseguir dialogar com os sentimentos, e não ser invadido por eles a qualquer momento, sem qualquer filtro. Mas perdoar ou sentir empatia (manifestações do amor) não são escolhas que se faz simplesmente. São consequências de uma elaboração interna, de uma compreensão de si e do outro em um nível complexo, de uma interação de forças muitas vezes desconhecidas, que resulta no bom sentimento. Se a coisa fosse tão fácil, as religiões teriam logrado muito êxito e regenerado a humanidade, uma vez que pregaram a negação de si mesmo e exigiram o comportamento do amor.

Somos produto de muitas forças biológicas, psicológicas e sociais. Somos influenciados pela cultura, pela religião, por nossos pais e por outras pessoas, todos com uma longa história, muitas vezes de dores, constrangimentos e condicionamentos. Somos, ainda, tensionados pelos nossos próprios desejos, instintos, proibições etc. Sendo assim, como acreditar que a simples força de vontade egoica pode impor direção a sentimentos tão profundos, que antecedem a reflexão?

Essa é a conclusão imatura daquele que não se debruçou com um pouco mais de atenção sobre a complexidade da *psique* humana, já anunciada por Freud há mais de 100 anos, quando trouxe o conceito de inconsciente para a análise do cotidiano.

A partir do estudo de algumas biografias de grandes personalidades que fizeram a diferença no mundo, fica evidente que eles não fizeram um esforço de negação de si (no sentido egoico) para se tornarem o que se tornaram. Eu identifico um movimento invertido: eles tinham tanto para oferecer e estavam tão conectados ao outro, e de uma forma tão profunda, que o esquecimento de si se dava de modo espontâneo e natural. Percebe a diferença? Esse é o movimento de dentro para fora, e não o contrário. É a manifestação da alma abundante, que tendo tanto para ofertar ao mundo, é direcionada pelo ego, como mediador entre o mundo interno e externo. Mas o papel do ego aqui é apenas reconhecer o 'reservatório interior' e identificar as necessidades externas, como um construtor capaz de direcionar o fluxo do rio, mas que é incapaz de produzir a nascente de água.

Vivemos, sem dúvida alguma, uma descaracterização do outro, uma desconsideração, uma ausência da alteridade ou, como Han (2020, p. 7-8) chama, uma "erosão do *Outro*, que por ora ocorre em todos os âmbitos da vida e caminha cada vez mais de mãos dadas com a narcisificação de si-mesmo". As grandes questões que nos cabem agora são as mesmas que fazemos para todos os comportamentos ou sentimentos que estamos analisando: o que há por trás disso? Qual é o sentido dessa ação? O que impede esse fluxo nascente de ir ao encontro do outro que necessita?

A miséria psicológica do egoísta

Não tenho a intenção de definir todos os comportamentos egoístas, muito menos de reduzi-los a uma só causa. Porém, quero oferecer a você mais uma forma de ler o egoísmo, pela perspectiva psicológica, que ainda não está presente no senso comum, e por isso mesmo acredito ser merecedora de nossa atenção.

O egoísmo, pela perspectiva do autodescobrimento, não é o mal em si. Ele é uma expressão do desencontro pessoal, da desconexão do sujeito consigo mesmo. Por causa dele, o indivíduo não enxerga o outro e suas necessidades e não consegue lhe oferecer algo de legítimo porque, no fundo, ele próprio não tem.

O egoísmo revela um estado de pobreza interna, de falta, de escassez. Não é a maldade, e nem sei se essa maldade realmente existe. O egoísta, no fim, é um desconhecido de si mesmo, que nem sequer acredita ter o que dar e por isso age desesperadamente, na tentativa de se nutrir com algo que nem ele sabe direito que lhe falta, e por isso se atrapalha tanto nas relações, buscando preenchimento e centralidade em tudo.

Se ele não é alimentado por si, como poderíamos exigir do miserável que compartilhe daquilo que não tem? O que sabemos fazer é dar para receber, amar para ser amado, fazer para ser valorizado ou reconhecido, porque nos alimentamos nessa troca. É claro que ela não nos alimenta de verdade, já que nada que venha de fora poderá nos preencher se não houver ressonância interna. E por isso vamos nos pervertendo cada vez mais com as tentativas infrutíferas de recompensa, reconhecimento e nutrição que nunca satisfazem.

Podemos dizer que o egoísta vive um estado de descentralidade interior tão grande que é capaz de usar do outro, mesmo daqueles que ama, para sentir-se importante, para ter uma sensação de centro, de valor, de existência. Se assim não o fosse, ele simplesmente ofereceria o que tem, sem jamais se ressentir ou esperar recompensa ou retribuição.

Essa reflexão começou a se construir dentro de mim há muitos anos, quando estava tentando entender o conceito de super-homem de Nietzsche, conectado às críticas que ele fazia ao cristianismo, por todo o esvaziamento pessoal e a hipocrisia que aqueles discursos religiosos produziram.

Em *O anticristo: maldição ao cristianismo*, ele diz: "no fim, houve apenas um cristão, e ele morreu na cruz" (NIETZSCHE, 2007, p. 42). Sua crítica ao movimento religioso que se instituiu em torno de Jesus[8] é grave e contundente, da qual quero ressaltar o discurso de negação de si que produz esse esvaziamento: "toda prática de todo momento, todo instinto, toda valoração que se torna ato, é anticristã atualmente: que aborto de falsidade deve ser o homem moderno, se apesar de tudo não se envergonha de ainda chamar-se cristão!" (p. 41).

---

8 A crítica de Nietzsche é ampla. Estarrecido com os discursos de suposta simplicidade e humildade, que pouca verdade trazem em si, diz ele no aforismo 44: "Glorificando a Deus, glorificam a si mesmos"; "promovendo as virtudes de que são capazes – mais ainda, de que têm necessidade para ficar no topo –, dão a si mesmos grande aparência de pelejar pela virtude, de lutar pelo predomínio da virtude"; ainda, "a realidade é que aí a mais consciente arrogância de eleito posa de modéstia: colocaram a si mesmos, a 'comunidade', os 'bons e justos', definitivamente de um lado, o da 'verdade' – e o resto, 'o mundo', de outro. [...] pequenos judeus superlativos, maduros para toda espécie de hospício, reviravam os valores à sua imagem..." (NIETZSCHE, 2007).

Ao entender sua crítica, percebemos que essa despotencialização do sujeito, a suposta humildade casta, é acusada por ele de, no fundo, ser uma "misericordiosa forma de mendacidade" (p. 49). No olhar de Nietzsche, Jesus foi o único cristão, pois somente Ele viveu aquilo que pregou. Podemos dizer que Jesus, segundo a sua interpretação, era tão cheio de si, tinha tanta verdade, que naturalmente tinha o que ofertar!

Isso está não só no olhar psicológico e filosófico que ofereço a você, mas também nas próprias palavras de Jesus quando dava a medida de amor ao próximo: "Amarás o teu próximo como a ti mesmo" (Mateus 22,39)[9]. Ele não disse para amar ao próximo MAIS do que a si mesmo ou EM DETRIMENTO de si mesmo. Ele disse para amar COMO a si mesmo, possivelmente pela impossibilidade de oferecer ao outro o que não temos.

---

9 Também em Marcos 12,31.

Somente uma vez Jesus fez uma exigência diferente – quando, nos momentos finais de vida, direcionou-se apenas aos apóstolos e orientou: "Um novo mandamento vos dou: que vos ameis uns aos outros, assim como vos amei, que também vós os ameis uns aos outros" (João 13,34). Esse foi o momento em que ele pediu para os apóstolos deixarem a referência interna de autoamor para se colocar como a própria referência, muito possivelmente porque reconhecia que aquelas pessoas já estavam nutridas de si, pelos anos de convívio que tiveram, e assim tinham condição de oferecer mais à humanidade. Mas isso não é a média e isso não fala da nossa realidade. Na generalidade, vivemos uma escassez psicológica danada, e por não estarmos devidamente comprometidos conosco, esperamos que o outro nos nutra, em um compromisso pessoal que é intransferível.

Veja a ruptura que proponho! Em vez de interpretar o egoísmo como uma maldade, como uma negação do outro, que precisa ser destruída dentro do ser humano, descobrimos um caminho inverso. A exigência de ofertar algo ao outro quando nem sequer há algo para oferecer, por mínimo que seja, coloca o sujeito em uma escassez ainda maior; por consequência, ele fica em uma maior expectativa de retorno, de reconhecimento, de valorização, pois é carente disso. Será que há relação entre isso e os comportamentos compulsivos e as buscas desenfreadas por prazer que têm invadido nossas casas e dominado nosso tempo livre?

Note que esses discursos de combate ao egoísmo podem produzir uma maior alienação e um ciclo vicioso, e pior, fazer com que o sujeito conclua que o outro é que é mau, que é ingrato, que é incapaz de reconhecer o que fazemos ou lhe damos, só porque ele é impotente para nos atender nessa loucura inconsciente. Digo mais: é muito provável que o outro até nos ofereça coisas muito importantes, mas, como vivemos a miséria interior, nada daquilo refresca o deserto pessoal, e acabamos por julgar o outro e deixarmos de ser gratos por aquilo que temos.

O egoísmo faz querer para si desgovernadamente, como o animal faminto que, movido pelo instinto, não raciocina, em busca de sobrevivência. Contudo, como nada de fora o alimenta, diferentemente do animal, que saciado se torna inofensivo, o egoísta nunca se sente saciado, e por isso se perde cada vez mais, contrariando em atitudes até os conhecimentos que tem ou a filosofia de vida que assumiu.

Ao ofertar o que não tenho, caio no ciclo adoecido de esperar que o outro me retribua, me recompense, me proporcione algo – que não vem. E assim estamos às voltas com o egoísmo, cada vez mais camuflado, mais silencioso, mais "espiritualizado", até chegar na alienação religiosa, que faz as pessoas darem algo na Terra para serem beneficiadas no Céu, em um ato interesseiro e egoísta que não condiz com os ensinamentos de Cristo.

Quanto a isso me agrada o pensamento de Nietzsche de que o único cristão foi aquele que morreu na cruz, no sentido de pensar que Ele verdadeiramente viveu o que pregou, que dava o que tinha sem quaisquer segundas intenções, porque estava pleno em si mesmo.

Em poucas palavras, o elemento que desejo ressaltar para a análise do egoísmo é o fato de ele revelar a miséria interior do egoísta, a sua escassez emocional, psicológica e existencial, que não pode ser atendida por ninguém mais além dele mesmo.

Disso resulta, insisto, que o mais adequado não é tentar combater o egoísmo ou convencer as pessoas de que elas devem esquecer de si próprias para darem espaço para o outro. Na nossa perspectiva, é melhor o sujeito colocar sua atenção e seu esforço em aprender a se enriquecer psicologicamente, para que então tenha realmente o que ofertar ao outro, em uma manifestação natural de quem se é.

Não é um processo estanque, mas o reconhecimento do estado da alma é um pré--requisito que nos dá o discernimento, em termos de compromisso conosco e com o outro, de uma forma dinâmica, para onde a vida se encarrega de nos direcionar – caso estejamos prontos e abertos para isso.

O egoísmo como legado

O egoísmo reflete a miséria interior do ser humano, o esvaziamento de si.

Está no indivíduo que é capaz de dar algo ao outro, até muito, mas que sente necessidade do retorno ou do reconhecimento para sobreviver. É a mentira do ego, o que se mostra como consequência do esvaziamento.

É estar desprovido da verdade interior ou, em termos psicológicos, estar em desconexão do *Self*. Daí porque é tão difícil diferenciar o egoísmo do autoamor, por exemplo. Se olhamos apenas para o comportamento, para a atitude, não conseguimos definir se há conexão interna ou não. É por isso que, pelo olhar externo, jamais poderemos dizer se uma atitude é egoísta ou não.

O maior desafio aqui parece ser nos descolarmos dos comportamentos para entendermos quem somos. Ao ficarmos atentos apenas a essa dimensão observável, da conduta, nós nos atrapalhamos, pois o mesmo comportamento pode ter inúmeros sentidos, pode ser resultado tanto de uma conexão como de uma fuga. O comportamento não sou eu, e nem ele fala de mim verdadeiramente. O mesmo "não" do egoísta pode ser o "não" da pessoa que se ama e que está se levando em consideração, de modo respeitoso, naquela situação. Não é o "sim" ou o "não" em si que determinam a qualidade do ato, mas a intenção ou, no caso, a conexão com a verdade.

Posso dizer "sim", como tenho explicado até aqui, com a intenção de ser beneficiado futuramente, de sair ganhando, e por isso esse "sim" é egoísta. Ou posso dizer "não" porque sei que aquilo me fará mal e que terei mais perdas do que ganhos. E claro, posso dizer "sim" em um movimento de conexão comigo e com o outro.

Esse convite para adentrar o mundo interior é o grande convite que deve repercutir em nossas mentes todos os dias, que vem de um dos mais belos aforismos da alquimia que Carl Gustav Jung, o grande psiquiatra suíço, ofertou-nos na sua autobiografia: "Não saias! É no interior do homem que habita a verdade" (2012, p. 186). Eu uso essa expressão para afirmar que o que temos de mais significativo, de mais legítimo, de mais belo e de mais tocante para oferecer ao mundo é a verdade que somos.

O seu maior legado ao mundo será aquele decorrente de ser quem você é, não da intenção de deixar um legado.

Ego, *Self* e legado

Pode parecer estranho falarmos de ego e de legado, como se isso fosse mais uma invenção egoica, estimulando o caminho da vaidade e do exibicionismo que já analisamos aqui. É importante deixar claro que o problema não é a atuação do ego, como muitos confundem, e sim sua intencionalidade. O ego não é um problema, e por isso, não deve ser eliminado. É ele quem faz o gerenciamento dos elementos conscientes, e tem um papel fundamental para nossa sobrevivência psíquica, pois faz a mediação entre o mundo interno e o externo. O problema se instala quando o ego atua desconsiderando as verdades do ser ou a realidade concreta na qual o indivíduo está inserido. Quando o ego não realiza essa função de mediação, dizemos que o ego está adoecido, já que há algum desvio ou outro interesse.

O reconhecimento dessa dinâmica interior é essencial para instrumentalizar o ser humano na forma de gerenciar seus conflitos. Mais do que a forma como atuamos no mundo, o estudo junguiano convida o indivíduo a ouvir seu mundo interno, para, a partir daí, desenvolver o discernimento de como se materializar no mundo – em um movimento de dentro para fora.

Jung na sua teoria de comunhão dos opostos, consegue reconhecer os elementos materiais e transitórios do indivíduo (ego) sem desacreditar dos elementos essenciais ou divinos (*Self*), em que a plenitude ou a harmonia se dá pelo diálogo interior, ou pelo que mais tarde ficará conhecido como eixo ego-*Self*.

Há na sociedade dois extremos: os pessimistas e os otimistas. O primeiro grupo, na filosofia, na psicologia ou mesmo no senso comum, enxerga a verdadeira condição humana, reconhece as características negativas do sujeito e, por bem conhecê-las, não cogita caminhos que mantenham a profundidade existencial sem uma desesperança. Do outro lado, os otimistas identificam elementos positivos no homem, prendem-se a uma postura que nega a condição humana e a inferioridade nela presente, bem como constroem um discurso que também pode ser opressivo e excludente devido a essa postura. Essa tensão também poderia descrever um tanto dos embates entre ciência e religião: os estudiosos das ciências humanas, chegando aos porões da humanidade ou analisando as intenções obscuras do homem, descrevem um mundo subterrâneo que é negado por algumas religiões de um modo infantil e irrefletido, com discursos de bondade e caridade, que colocam a religião em um total descrédito para aquelas mentes pensantes.

Eu acredito que Jung ofereceu recursos para construir esse diálogo entre os extremos. Ele transitou pelas obras de Nietzsche, Goethe e mesmo Freud, que estavam mais voltados para o lado do pessimismo (desacreditados do futuro) e ofereceram inúmeras contribuições para a sociedade atual. Ao mesmo tempo, o psiquiatra expressava um otimismo pelo reconhecimento de uma instância superior no homem, "que está na raiz da consciência do eu" (JUNG, 2015, p. 293). Talvez justamente pela sua capacidade de transitar por esses diferentes terrenos é que ele não foi bem-aceito em nenhum deles. Para a ciência, Jung era considerado um místico por trazer os elementos divinos do humano; para a religião, era um herege por falar dos elementos demoníacos do ser.

Meu olhar para o homem e a mulher na atualidade se baseia essencialmente nas ideias de Jung, em especial a de união dos opostos, que dá uma perspectiva diferente de encarar e de se relacionar com o mal em nós. Não é o caminho do meio, de algumas teorias orientais, nem é uma busca pelo morno. O processo de plenificação, para Jung, decorre do encontro entre os opostos, que produz um terceiro elemento, algo novo, como a síntese que surge da tensão entre a tese e a antítese.

Isso quer dizer que ao nos colocarmos diante do mal que existe em nós, ao suportarmos isso com consciência, por esse simples fato, algo já começa a se transformar. É difícil de compreender essa lógica porque quando falamos em transformação logo pensamos nas modificações do ego, nas escolhas conscientes, nas mudanças que decidimos fazer. Mas essas são mudanças exteriores, que têm pouca repercussão interior, pois vêm de fora e assim não se consolidam. A mudança que operamos por essa via é a negação das antíteses, do oposto, da tensão, na tentativa de "alinhar as coisas" e eliminar as contradições, e entendemos que isso estagna o ser humano na relação com a vida interior, que é rica e nutritiva.

Jung apresenta o conceito de *função transcendente*, descrevendo-a como um caminho de mudança de dentro para fora, ou seja, uma mudança que se dá no comportamento, mas por consequência do encontro interior, e não em detrimento dos impulsos do inconsciente que perturbam a consciência. Sua investigação com centenas de pacientes o fez concluir que a meta é a atitude de encontro entre as forças do que supomos ser (consciente) e do que negamos em nós (inconsciente). Assim, "é chamada transcendente, porque torna possível organicamente a passagem de uma atitude para outra, sem a perda do inconsciente" (JUNG, 2014, p. 18). Ele ainda é mais enfático sobre a atitude do profissional, que sai do lugar de aconselhamento, e mesmo de resolvedor de problemas, para "ajudar o paciente a unir a consciência e o inconsciente e, assim, chegar a uma nova atitude" (JUNG, 2014, p. 18).

O grande desafio nesse caminho é reconhecer que a interiorização é a estrada em direção às nossas verdades. Esse é um trajeto que o ego precisa realizar, mediando as demandas do mundo interno e as do mundo externo, sem se desconectar de nenhum deles.

O ego é o porteiro da *psique*, a parte consciente que se coloca na relação com o mundo externo, e o *Self* é a verdade, o aspecto essencial, com o qual o ego precisa se relacionar e ao qual precisa se submeter.

Essa instância superior (*Self*, *Selbst* ou Si--mesmo) é o princípio organizador da *psique*. Nas palavras de uma das continuadoras do trabalho de Jung: "O centro organizador de onde emana essa ação reguladora parece ser uma espécie de 'núcleo atômico' do nosso sistema psíquico. É possível denominá-lo também de inventor, organizador ou fonte das imagens oníricas" (FRANZ, 2016, p. 337).

Eu não sou nem um nem outro isoladamente. O "eu sou" é a totalidade, a verdade consciente e inconsciente, a realidade existencial, o passado, o presente e o futuro em conexão, o fato e o potencial.

Com os olhos voltados para fora, o ego fica vendido ao mundo exterior, e as escolhas, os interesses e as intenções do eu se estabelecem a partir da aparência, dos medos, dos preconceitos, do materialismo vazio e do consumismo alienante. Contudo, o *Self* não se submete a essa desconsideração, exigindo mais intensamente ser reconhecido. Toda vez que o ego atua focando apenas nas questões externas, age de modo egoico, e por isso chamamos de egoísmo. Ele adoece, pois sua função é a de mediação. Não está ali na portaria para atender apenas às demandas externas e para ser algo para o mundo. Ele assume esse lugar de mediador, respondendo, por vezes, às necessidades do ser, e outras vezes se adaptando ao mundo, como que em um exercício constante de ajustamento entre essas duas realidades.

Na concepção de Jung, o *Self* não é uma alienação, uma sede animal que precisamos temer. É o representante do divino em nós, ou seja, ouvir o mundo interno não nos leva a nos desconectarmos do mundo externo. Muito pelo contrário, segundo o pai da Psicologia Analítica, quanto mais nos conhecemos e nos aprofundamos em nós mesmos, mais coletivos nos tornamos. O problema é o sujeito não estar em conexão com o mundo interior, uma vez que ele nem percebe suas reais necessidades, e essa desconexão faz com que ele atue no mundo desconsiderando a realidade na qual está inserido. Quando esvaziado de si, o indivíduo não consegue se pôr adequadamente na relação com o mundo. Ele se coloca de modo imaturo, infantil e desorganizado, justamente porque não entende qual é seu lugar, qual é seu valor, nem qual é seu papel.

O legado do egoísmo

O egoísmo destrói, em primeiro lugar, a nós mesmos porque, ao nos colocarmos no centro da análise, inevitavelmente nos agredimos e nos desrespeitamos de modo intenso. Por exemplo, quando o marido é grosseiro ou se atrasa e a pessoa se sente desconsiderada, ou quando existe uma traição, uma injustiça, um mal-entendido, a maioria tende a achar que aquilo aconteceu por não ser importante o suficiente, por não ter valor para o outro ou algo assim, o que não necessariamente é verdade. Isso não quer dizer que tenhamos que aceitar as grosserias, silenciar o tempo todo e desconsiderar as traições, claro que não! Mas é fundamental notar que, além de nós, existe um outro, com suas próprias características, suas dificuldades e seus desafios, que independe de nós.

A incapacidade de enxergar o outro, por estarmos tão autocentrados, torna a vida muito mais pesada como no caso dos pais de uma pessoa que usa drogas. É importante se reconhecer como parte do processo, sem qualquer dúvida. Porém, alguns pais se sentem inteiramente responsáveis, como se o fato de o filho estar com problemas ou saudável dependesse somente deles. Isso é uma loucura sem qualquer fundamento.

Atuam assim porque ainda não amadureceram para identificar que são individualidades, e o filho também, com características próprias que independente dos pais em muitas medidas. Sentem-se responsáveis porque o deixaram sozinho ou com a empregada quando era pequeno, ou porque não o educaram direito, ainda que haja inúmeras pessoas em condições parecidas ou piores que não tomaram o mesmo rumo. E mais do que isso, há filhos que percebem a loucura dos pais e os manipulam, chegando ao extremo de alguns pais pagarem as drogas, os traficantes etc., sem perceber que estão mais alimentando o vício e aquela disfuncionalidade ao invés de trabalhar pela saúde.

No suicídio temos uma situação parecida, embora um tanto mais complicada. Em tese, os sobreviventes têm muito mais chance de cometer suicídio do que as pessoas que não viveram essa experiência de forma próxima. Mas parte do que as leva a pensar em suicídio depois da morte do ente querido está no egoísmo, na certeza de que contribuíram para a morte daquela pessoa ou que tinham que ter feito algo para evitá-la, como se isso estivesse ao alcance delas, como se pudessem definir a vida ou a morte de alguém.

Consegue enxergar quanto de autocentramento e quanto de dor e autoagressão há nisso? Percebe quantos equívocos decorrem da impossibilidade de se relacionar com o outro de verdade, de reconhecer as limitações que o outro tem, as dificuldades que são próprias dele?

Toda relação exigirá uma flexibilidade em termos de análise, afinal uma relação é construída entre duas partes. Sendo assim, é necessário compreender que nada do que acontece ali pode ser considerado responsabilidade de uma só pessoa, pois foi uma construção conjunta. Em especial, em se tratando de suicídio, de vícios, de traições, precisamos ter muita clareza de que podemos contribuir de alguma forma, atuando como gatilhos, mas estamos falando mais do outro do que de nós mesmos.

Do mesmo modo que não cabe achar que aconteceu por minha causa, também não devo colocar tudo nas costas do outro, e aí entra a flexibilidade de conseguir identificar qual é a minha contribuição para o fato e qual é a parte do outro. Contudo, isso é conquista de muito trabalho interior, a partir do qual reconheço meu valor, meu lugar no mundo, minhas verdades e, por consequência, abro espaço para o reconhecimento do outro.

Ao longo dos anos, pude compreender que a desconexão que as pessoas vivem gera uma escassez tão grande, um estado tão incômodo de insegurança e mal-estar existencial que elas não conseguem se pôr verdadeiramente na relação com o outro. Supõem que enxergam o outro, que se relacionam com ele em uma atitude alteritária, até generosa, mas na maioria das vezes o fazem apenas quando essa relação lhes dá a possibilidade de se sentirem nutridas, de se alimentarem de algo que nem elas mesmas sabem o que é. Assim, atuam na esperança de que o outro os ame, os reconheça, os valorize, dê algo significativo que, na verdade, nunca os preencherá.

Parece doação, mas é interesse. Parece que enxergamos o outro, mas estamos completamente autocentrados. Parece que predomina o amor, mas a base é egoísta.

Se a grande maioria está esvaziada de si mesma, é bem possível que o outro que se coloca em relação conosco também esteja em busca de algo para o seu próprio preenchimento. Com isso, fico a pensar o quanto, sem perceber, estamos criando um ciclo vicioso, sem fim, que nos levará à destruição.

Pensa comigo! Se o outro não reconhece seu verdadeiro valor e seu lugar no mundo e tenta, por via das relações, se nutrir; e se nós, por nossa vez, também estamos fazendo isso, é provável que tenhamos dois caminhos comuns: as relações de eterna insatisfação ou as relações simbióticas.

Chamo de relações de eterna insatisfação aquelas posturas, extremamente presentes, de ficarmos à espera de que o outro mude, de que seja diferente de quem ele é, para que assim a gente se sinta importante. Só que o outro espera o mesmo, pois também tem seus buracos, suas feridas existenciais, e aguarda algo que possa amenizar o constrangimento interior. Ficamos na expectativa de receber para dar, mas isso não faz sentido. Essas são eternas insatisfações, porque mesmo com a mudança do outro ainda continuamos a esperar mais e mais. Achamos que algo precisa ser mudado externamente, no entanto, como essas questões são internas, mesmo quando as mudanças (exteriores) ocorrem, não nos preenchem, e continuamos a exigir algo novo, diferente ou supostamente melhor.

Isso me faz lembrar da dinâmica de um casal quando um dos dois exige mais expressão de afeto. Logo que a outra parte se adequa àquela exigência, a primeira pessoa continua insatisfeita, a dizer: "Mas eu queria que fosse espontâneo, e não porque eu pedi". Há também aqueles que sofrem ainda mais, uma vez que não falam da sua insatisfação com determinado aspecto, querendo que o outro adivinhe o que lhes vai na alma, vitimizados e ressentidos. Essas são as posturas de desconexão interior, de expectativas frustradas, de projeções, em uma vida de "salve-se quem puder", na qual trocamos de relações, hoje mais do que nunca, na esperança de que alguém dê conta de algo que é puramente nosso.

De outro lado, estão as relações simbióticas, que podem ser entre pais e filhos, entre amantes ou mesmo entre amigos, na fantasia de que o outro realmente lhe supra as necessidades emocionais, e por isso é preciso estar em conexão com essa pessoa para sobreviver. As pessoas que participam desse tipo de relação não conseguem amadurecer emocionalmente porque o outro parece ocupar esse espaço vazio que lhes levaria à transformação.

Na relação simbiótica, a suposta melhor parte do indivíduo está voltada para o outro, na tentativa de obter o melhor do outro, sem o necessário investimento do sujeito em si mesmo. É um recurso que aparentemente funciona, pois parece que as pessoas estão alimentadas, mas é simbiótico porque é dependente, porque não é interno. Então, quando a vida interrompe isso com um término inesperado ou uma morte, é comum essas pessoas sentirem que não há mais vida. Elas são postas frente a frente com tudo aquilo que o outro escondia com sua presença. O que também acontece é esses sujeitos procurarem outra pessoa, ou mesmo um animal de estimação, para entrar em uma nova relação simbiótica, a fim de estabelecer o novo laço simbiótico sem precisar se responsabilizar por suas próprias necessidades emocionais e viver as transformações que o mundo interior necessita para se plenificarem.

O egoísmo também nos leva a relações exibicionistas ou indiferentes, como já sinalizei anteriormente ao pensar no legado, mas parece importante retomar aqui esses traços para verificarmos como isso está presente no cotidiano.

Há de um lado o exibicionista, o vaidoso, que precisa das relações para se sentir visto e valorizado pelo outro. O interessante é que, mesmo quando ele tem aquilo que deseja, não se sente realizado e precisa continuar na busca por novos olhares, por novas pessoas que o desejem, porque nada lhes bastará de verdade. É uma forma de simbiose, mas com sua audiência, seja ela virtual, seja ela seus familiares e amigos, seja ela um público.

No outro lado, há o indiferente, aquele que não acredita poder beneficiar as pessoas e que por isso mesmo não se sente merecedor desse tipo de benefícios, como atenção ou amor. O sujeito indiferente costuma ter uma concepção pejorativa a seu respeito, porque em verdade sabe que está em débito com a vida. Não é que não tenha valor, mas ele não se relaciona com suas riquezas, com suas verdades, e o *Self* lhe cobra isso. Mesmo que tente abafar esse impulso divino que se faz presente, devido a ele ser implacável, o sujeito caminha com mais facilidade para os "mais" do mundo – as compulsões alimentares, sexuais, de trabalho, de poder, de jogos, em falsas e amargas gratificações.

É importante ressaltar que, no caso do exibicionismo, em certas situações as pessoas até estão um tanto conectadas ao elemento divino, ou seja, aquilo que realmente tem de melhor para oferecer ao mundo, mas como elas mesmas não têm olhos para isso, como elas mesmas não amam quem são, aguardam que o mundo as recompense e valorize, em um movimento que nunca será plenificador.

Fiz essa observação, pois, nesses casos, o exercício não é de um outro lugar, de uma outra ação, muito menos da negação do seu potencial, que já vi muitos fazerem. O desafio é conseguir olhar para si com respeito, com reconhecimento e com valor. Essa é a nutrição interior que, quando não realizada, produz a dependência do externo, em que digo que usamos o outro para uma necessidade da qual é pessoal e intransferível.

Nas diferentes configurações baseadas no egoísmo, o grande dano é a nossa atenção e a nossa energia estarem fora de nós, ou seja, não damos atenção a nós mesmos. Por consequência, aumentamos ainda mais a nossa ferida, que nunca é curada. No caso das simbioses, fazemos um grande investimento no outro e não conseguimos cogitar nossa existência sem ele. No caso do exibicionismo, estamos também vulneráveis ao outro, no sentido de dependermos daquele olhar para nos sentirmos vivos. Nas relações de eterna insatisfação, continuamos a esperar que o outro nos nutra, geralmente em meio a críticas e decepções. Por fim, na indiferença, fechados e rancorosos, compulsivos e distraídos, não conseguimos olhar para dentro de nós com aquele autoamor que Jesus havia declarado, que dá a medida de amor ao próximo.

A verdade como legado

Começo este capítulo com um trecho inspirador, dos crimes por não sermos quem somos, citado na peça *A alma imoral*, de Nilton Bonder.

> Em seus momentos finais de vida, Reb Sussya estava agitado. Seus discípulos, tomados de reverência e temor, estavam perturbados com a agonia do mestre. Perguntaram: "Mestre, por que estás tão irrequieto?
>
> – Tenho medo – respondeu.
>
> – Medo de que, mestre?
>
> – Medo do Tribunal Celeste.

– Mas tu, um mestre tão piedoso, cuja vida foi exemplar... a que temerias? Se tu tens medo, o que nós deveríamos sentir, cheios de defeitos e imperfeições? – reagiram surpresos.

– Não temo ser inquirido por não ter sido como o Profeta Moisés, não deixei um legado de seu porte... Posso me defender dizendo que não fui como Moisés porque eu não sou Moisés. Nem temo que me cobrem profecias como as de Maimônides, por eu não ter oferecido ao mundo a qualidade de sua obra e seu talento. Eu posso me defender de não ter sido como Maimônides porque eu não sou Maimônides. O que me apavora neste momento é que me venham indagar: "Sussya, por que não fostes Sussya?" (Bonder, 2012, p. 28).

Por sermos constantemente atravessados pelos discursos de performance, de produtividade e de aparência e por nossos medos existenciais, criamos personas que falsamente nos dão a ideia de que sabemos quem somos. Mais delicado ainda é ver que tudo isso influencia diretamente no nosso comportamento, e fazemos outra grande confusão entre quem somos e como nos comportamos. Essa ideia do fazer está em oposição ao ser, que muito pouco ainda é entendida. Não reconhecemos a importância do ser e, ao contrário de Sussya, nos angustiamos porque estamos nos colocando em comparação com outras pessoas, com ideais e performances que não nos cabem, como se precisássemos disso para ganhar uma recompensa no final.

Acredito que seja disso que o taoísmo fala quando estimula o fluir sem esforço ou a arte de não tentar, pois esses desgastes são improdutivos e atuam contra o sujeito. Mas é tão difícil compreender essas máximas! Estamos tão autocentrados, acreditando que tudo vai acontecer, ou não, a depender de nossa atuação, de nossas iniciativas, de nossas mudanças, que não identificamos a importância de ser quem somos.

Jung, referindo-se a essa postura, diz: "Seria muito simples se a simplicidade não fosse verdadeiramente a mais difícil das coisas!" (2011, p. 24).

Um pai amoroso não é amoroso porque ele estava tentando ser amoroso. Isso é um equívoco. Um pai amoroso simplesmente é. Vamos analisar isso com calma, pois sei que muitas pessoas se sentem perdidas aqui.

Primeiro, um pai só precisa tentar ser amoroso se ele não é! Então, se ele não é amoroso, fazemos duas perguntas: "Por que ele está tentando ser assim?" e "O que ele realmente é?" Isso produz um descortinar, mas é preciso ter muita coragem para adentrar essa realidade, pois ela conflita com os preconceitos e construções morais que a pessoa fez até então (e dos quais estava tentando fugir). O desconhecimento e o desvalor de quem se é produz uma traição que nos coloca em uma busca por ser quem não somos, abandonando aquilo que verdadeiramente podemos ser.

A maioria dos pais que está "tentando" ser amoroso veio de uma família com ausência de afeto, muitas exigências, dores, abandonos, entre outros. Vindo com essa história, e com tudo que sentiu pelos seus próprios pais, atua dessa forma porque não quer que seus filhos sintam por ele o que ele sente por seus pais.

Já consegue enxergar o egoísmo aí? Nesse caso, o pai está mais preocupado com o que os filhos vão sentir por ele do que propriamente em ser amoroso com eles. Por esse simples fato, o melhor que consegue fazer é criar uma persona de amorosidade, com palavras e gestos, em uma tentativa de fora para dentro, que não ecoa na relação, por ser uma construção egoica para atender a ideais e expectativas ou para silenciar dificuldades e limitações. Se está tentando ser amoroso, é porque não é, e de uma forma ou de outras os filhos vão ter que aprender a lidar com isso e sobreviver, como ele mesmo sobreviveu.

Outro aspecto comum é de os pais tentarem se curar nos filhos, e isso também não dá muito certo, gerando prejuízos para ambas as partes. O pai que não reconhece a própria dor de não ter tido afeto não percebe que precisa curar aquilo que o aflige, e os filhos desse pai muito provavelmente serão superprotegidos daquilo que na verdade nem sentiram. Ele parece ser compreensivo e flexível, refaz as regras, dá novas oportunidades, mas na verdade está se escondendo de si mesmo, sem enxergar as necessidades dos filhos. Nesse caso da superproteção, os descendentes terão que aprender com a vida, quando estiverem mais velhos, aquilo que poderiam ter aprendido em casa, com mais tranquilidade, quando ainda estavam em uma ótima fase para viver esses desafios no seio do lar. Em verdade, quem precisa daquele olhar flexível e tolerante é, em primeira instância, ele mesmo. Somente depois disso ele terá condições de olhar mais profundamente para a personalidade de seus filhos e descobrir se essa é a necessidade deles também, ou não.

Ainda na tentativa de clarear esse assunto, acrescento um detalhe que oferece uma enorme diferença. Pense em um menino que apanhava muito do pai, sentia-se humilhado, rejeitado, desrespeitado. Então, na idade adulta, quando ele sente o impulso de agredir o filho, se segura e não o faz porque sabe o quanto essa atitude pode ser destrutiva em termos emocionais. Consegue perceber a diferença? Aqui não há uma idealização, não há uma exigência de ser algo, nem uma obrigação. Aqui há uma verdadeira empatia, pois ele se coloca no lugar do outro e sente o quanto aquilo pode ser doloroso. Mas também não se engane: esse pai pode simplesmente não conseguir ter uma atitude mais enérgica por medo de perder a admiração dos filhos, de não ser importante para eles ou de não se sentir amado. E essa é a maior dificuldade, pois muitas vezes esse pai terá filhos que vão exigir atitudes mais enérgicas, e ao não se permitir, alimenta pequenos selvagens, quando não, futuros delinquentes, manipuladores, porque não aprenderam a limitar seus impulsos, sempre "protegidos" pelas feridas do pai.

Voltando para aquele outro pai, a segunda questão era esta: "O que ele realmente é?" Afinal, se ele não é amoroso, ele é alguma outra coisa? Quando queremos ser algo que não somos, acabamos por deixar de ser, valorizar e oferecer aquilo que temos e somos de verdade.

Minha teoria é que não será pela tentativa de ser amoroso que o pai vai se conectar ao filho, e sim pelo seu próprio reconhecimento daquilo que realmente é. Como já expliquei, o contrário pode ser muito verdade – ele, ao querer ser algo que não é, mais se desconecta dos filhos, por estar centrado nas próprias questões, imagens e ideais, supondo que sabe o que os outros querem ou precisam.

Quando se dá conta de que não é afetivo, quando se depara com isso, quando sente isso, algo se mobiliza internamente. Talvez emerja uma dor, afinal, ele realmente queria poder ser mais afetivo com os filhos, queria poder lhes oferecer carinhos e abraços como nunca teve e sempre desejou. Ao suportar a dor, ao curar sua própria ferida, ao desfazer fantasias e exigências, algo se transforma! Ao estar realmente conectado a si mesmo, assumindo algumas de suas verdades, sente o que de fato não pode oferecer, e naturalmente procura o outro, com a honestidade do coração doído, para dizer: "Eu queria tanto ser mais afetivo com você. Queria poder te ofertar os abraços e carinhos que eu mesmo nunca recebi e que senti tanta falta. Mas eu não sou assim. Me desculpe!"

Eu consigo sentir aqui a reação de um filho a um pai que aja assim e o quanto de amor há nessa atitude. Por fim, esse pai foi afetivo!

Percebe a diferença? Talvez em atitudes, para quem olhe de fora, tudo parece a mesma coisa, mas há uma verdade ali presente, em um movimento de dentro para fora que plenifica o sujeito. Pode até parecer contraditório, mas não é. Aquele pai foi afetivo porque reconheceu quem era, suportou essa verdade, e ofertou ao outro aquilo que realmente tinha.

Quem sou eu?

A pergunta "Quem sou eu?" é uma das questões mais desafiadoras da atualidade, pela tamanha desconexão que vivemos e pela negação da condição humana. A indagação que se põe à humanidade remete-nos há séculos antes de Cristo, com o templo do deus Apolo em Delfos, na Grécia Antiga. Mas esse questionamento ainda continua vivo e ecoando dentro de nós, exigindo um olhar de interioridade, psicológico, que não valorizamos.

A maioria das pessoas se volta para o autodescobrimento depois de uma crise, depois de ter sintomas mentais como pânico ou depressão, depois das dores intensas do luto ou depois de sofrer por causa de outros transtornos comportamentais, mentais ou de personalidade. Pequeno ainda é o número daqueles que se aventuram nessa viagem porque reconhecem, pelo esclarecimento, que ela é importante para cada um de nós, e por consequência, para a humanidade.

Daí vem a importância desta obra e de cada um de nós se perguntar "Qual é o meu legado?". De um modo direto, por via dela, somos obrigados a adentrar o mundo interno em busca de quem realmente somos e de nossas verdades, para entendermos o que temos a ofertar para o mundo.

A direção para este trabalho surgiu quando eu beirava meus 20 anos e estava estudando a obra básica do Espiritismo, escrita em formato de perguntas e respostas. Allan Kardec (2006, p. 497), o codificador da Doutrina Espírita, indagou: "Qual o meio prático mais eficaz que tem o homem de se melhorar nessa vida e de resistir ao arrastamento do mal?". Ele obteve esta resposta: "Um sábio da antiguidade vos disse: Conhece-te a ti mesmo". De lá pra cá, tenho perseguido com muito afinco a solução desse mistério – quem sou eu – e percebido como o simples fato de ter consciência de mim pode me fazer uma pessoa melhor e evitar que eu seja arrastado pelo mal.

Aos poucos as coisas começaram a fazer sentido, uma vez que essa resposta se encaixa melhor para mim do que a ideia de que precisamos nos esforçar para mudar. Essa mudança é puramente egoica, superficial, e não é capaz de adentrar o mundo dos sentimentos, dos instintos, das forças titânicas que nos habitam. Não há como eu me esforçar para amar, pois o amor antecede a racionalidade, do mesmo modo que não é uma coisa simples interromper um vício. O homem é muito mais profundo e complexo do que isso, e Freud já nos demonstrou essa realidade há mais de 100 anos.

Infelizmente esse discurso racional, que é perturbadoramente egoico, ainda predomina em nossa sociedade, e as pessoas que se dizem transformadas pelo próprio esforço mal sabem onde aquela energia negada foi parar. Há muitas pessoas que suprimiram o vício, mas para onde foi a dor que traziam na alma ou a fragilidade que precisava ser acolhida e que o vício tentava sanar? Outros conseguem manter a perfeita performance social, porém, na calada da noite, nos horários de distração, perdem-se na prostituição, na pornografia, nas corrupções da alma, que não aprendeu a ser alimentada pelas verdades.

Depois de Sócrates trazer o "Conhece-te a ti mesmo" para a Filosofia e, de certa forma, disseminá-lo pelo mundo, a viagem interior ganhou nova dimensão com os estudos das psicologias profundas (teorias psicológicas que consideram a existência do inconsciente). Após Freud analisar as questões do inconsciente e demonstrar, pelos estudos de casos, que todo conteúdo negado não deixa de existir, a noção de transformação pessoal virou assunto muito mais sério e complexo.

Conhecer a si mesmo é a cura para nossos males humanos, haja vista a existência deles decorrer da negação de quem realmente somos. A postura ativa está no conhecer-se para ser transformado por essa consciência, e não no simples modificar-se com base nas exigências do mundo. Assim, o homem e a mulher da atualidade foram tirados do falso pedestal da vontade e da fantasia de que basta querer para ser, e com isso foram desbancadas as teorias simplistas do comportamento humano, que defendiam ser possível mudar alguém e determinar o futuro.

Ao sentir vontade de agredir uma pessoa que não fez o que eu queria ou no tempo que eu precisava, eu me controlo, respiro fundo e digo para mim mesmo: "Calma, o outro não é responsável pelo seu atraso! Segura a bola aí e da próxima vez faça as coisas com maior antecedência". Isso é maravilhoso, mas ainda é muito pouco em termos de reconhecimento de quem sou. É apenas um ato de mínima civilidade ser capaz de não despejar nosso lixo moral nas pessoas à nossa volta. Somos muito mais do que isso, no entanto o caminho para o desenvolvimento interior é o conhecimento de si, e não a mudança externa.

Sigmund Freud realizou um trabalho basilar e inquestionavelmente importante nesse sentido, porém a complexidade das suas análises, como neurologista que era, e suas interpretações estruturais da personalidade, pautadas na sua teoria da sexualidade, tornaram quase que indigestos muitos de seus textos para o público leigo. Sem dúvida, ler os comentadores de casos psicanalíticos é muito mais prazeroso e aplicável do que tentar compreender as palavras do pai da Psicanálise.

Jung não fica muito atrás de Freud em termos de complexidade textual, mas por outros motivos. Sua leitura, muitas vezes não linear, é de uma profundidade cultural e histórica que torna difícil acompanhá-lo. Ele se debruça sobre detalhes, indo nas minúcias, como um grande sábio que está desvendando os mistérios da humanidade, e por isso mesmo não é para qualquer um. Ainda assim, os conceitos junguianos são mais fáceis de serem aplicados no cotidiano, oferecendo recursos para as pessoas, de um modo geral, conhecerem-se.

Nesse sentido, não vou me delongar mais, por já ter escrito sobre essa viagem interior e apresentado outros materiais que têm auxiliado milhares de pessoas a compreenderem um pouquinho mais esse "Quem sou eu?"[10].

O legado da verdade

Quando falo de estarmos preenchidos por quem somos, não é um lugar estanque, do tipo: "Então me preencho e, quando terminar essa tarefa, oferto algo a alguém". A tarefa de reconhecimento da verdade pessoal não tem fim, porque não é algo pronto para nos apropriar-

---

10 Além de meus livros e programas no YouTube, que já são bastante conhecidos, convido você a conhecer o *podcast* Vai pra dentro!, que, em poucos meses, já é ouvido por milhares de pessoas em dezenas de países, nos cinco continentes, pelo Spotify. Embora a proposta seja a mesma de autodescobrimento, ele tem uma abordagem bastante acolhedora e terapêutica.

mos. A verdade que somos é algo em constante construção, então não há o que esperar. O belo da vida é caminhar em uma sincronia na qual cada passo que damos em direção a nós mesmos é também a habilitação de um novo passo em direção ao outro. À medida que avançamos em termos de cultivo interior, nos liberamos das amarras do "tem que": tem que fazer, tem que produzir, tem que provar... E, abrindo mão disso, cuidando de nós mesmos, nos sentimos livres para "simplesmente ser".

Como tenho defendido, o compromisso consigo transforma a consciência, libera amarras, de modo que aos poucos chegamos em um outro patamar psicológico ainda desconhecido, que nos deixa mais livres (e mais potentes) para sermos quem somos no mundo e para ocuparmos nosso papel perante a humanidade.

Madre Teresa de Calcutá não tentou ser nada; ela simplesmente foi quem ela era.

Não tinha por meta ser mais caridosa, mudar a igreja, dar exemplo para as pessoas. Mal sabia o que ia fazer, onde ia dormir ou o que ia comer no dia seguinte. Ela apenas viveu a sua humanidade e foi guiada por essa consciência. Não estava usando do seu trabalho para se sentir útil, para preencher seu vazio existencial ou para se sentir mais valorizada. Ela simplesmente era.

Tomando como exemplo a madre, acredito que o tamanho do legado que as pessoas deixam é diretamente proporcional ao nível de consciência que elas têm de si e ao nível de conexão interior que alcançam.

É difícil compreender que essas personalidades, em sua maioria, não tinham a intenção de ser grandes, que eram "apenas" pessoas que viviam uma grande conexão com suas próprias verdades.

Não acredito que alguém possa marcar a história se não estiver profundamente enraizado em si mesmo, nutrido por suas verdades. E mais, não acredito que alguém possa ser reconhecido por uma nação sem antes marcar indelevelmente a história das pessoas com quem convive.

Quem sabe um exemplo mais possa auxiliar você...

Existe aquele tal amor recheado com egoísmo, que aparentemente damos ao outro, carregados da expectativa de que ele nos retribua, que nos preencha, que nos reconheça ou que nos valorize. Com o autodescobrimento, nós reconhecemos algumas verdades que às vezes podem constranger, mas que são libertadoras. Então, você se volta para seu companheiro e assume aquilo de que você não dá conta, aquilo com que não consegue lidar ou aquilo que está muito difícil. Às vezes é a forma como o outro nos trata ou as diferenças que temos; outras vezes são os nossos próprios traumas, carências e dores, que agora estão mais conscientes. Talvez você precise verbalizar, talvez não. Mas fato é que, ao começar a assumir isso, algo inevitavelmente começa a mudar na relação. Isso não quer dizer que o outro vai mudar, até porque, se você compartilha seus sentimentos na expectativa de que o outro mude, o nome disso é manipulação.

Quando você entra em contato com a sua verdade para assumir seus limites ou mesmo seu potencial, algo começa a se transformar dentro de você, e as expectativas em relação ao outro tendem a diminuir. Isso acontece porque esse é um ato de cuidado consigo e de autoamor, um comportamento daquelas pessoas que pararam de ser duras internamente e que se permitem um acolhimento genuíno. Como as águas de um mar bravio, que antes se agitavam desesperadas pela falta que tinham e pela expectativa de que o mundo as salvasse, agora, por lhes ter sido oferecido cuidado, as águas se acalmam. Em se acalmando a agitação interior, é possível respirar mais confortavelmente. Em outras palavras, ao assumirmos a nossa verdade, por sairmos daquele estado de miséria e desconexão, conseguimos ter energia psíquica para investir no outro, ou seja, para enxergá-lo na verdade que ele expressa.

Essa conexão interior e essa nutrição pessoal parecem nos fortalecer, de modo que temos mais clareza do que é nosso e do que é do outro. Mas continuo a reforçar: isso não é um simples querer, um mero esforço da vontade. Nós nos sentimos capazes de enxergar e nos relacionar com o outro porque verdadeiramente estamos mais estruturados internamente, por estarmos alimentados por nossas verdades e conectados com nossos elementos essenciais.

Essa força nos deixa menos reativos, porque conseguimos suportar melhor as experiências da vida. Assim, conseguimos pensar com mais clareza: talvez o outro não nos trate assim por maldade, podem ser as feridas dele também que o conduzem, e isso não fala necessariamente do nosso valor; ou pode ser que a gente simplesmente reconheça as diferenças e admita que não teremos aquilo de que realmente precisamos.

A questão é que não estamos mais na briga egoica, no desespero da expectativa frustrada de sermos vistos, percebidos, valorizados. Já somos, por nós mesmos! Esse enraizamento nos dá sustentação assim como acontece com as grandes árvores. Então, ao tirarmos do outro a responsabilidade pelo nosso cultivo e cuidado, nos habilitamos a enxergá-lo como ele é e aceitamos a verdade dele, em um movimento harmonioso, que pode levar a um compartilhamento amoroso, a uma transformação da relação ou mesmo ao rompimento daquela configuração. Mas isso se dá pela consciência, pelo despertamento interior, afinal, até para ir embora em paz é preciso ter muita força.

A partir do reconhecimento de nossa verdade, conseguimos nos relacionar com o outro verdadeiramente, porque nós não somos mais os mesmos. Permitimos ao outro ser quem ele é, em vez de exigir que ele seja quem nós queríamos que ele fosse, e esse é um dos atos de maior nobreza que se pode ter em uma relação. Podemos continuar fazendo parte da vida dessa pessoa, ou não mais, a depender da verdade que ela carregue. Isso não importa tanto. O mais importante é vivermos a nossa verdade e darmos ao outro a possibilidade de viver a verdade dele também, genuinamente.

Na minha concepção, isso se chama amor, e por isso minha conclusão é que o amor é o maior legado que podemos oferecer a alguém. Mas esse amor verdadeiro só é acessível aos indivíduos corajosos e persistentes que encontraram e assumiram a própria verdade.

O compromisso como legado

Resgatando o conceito de cosmovisão – o modo que cada um tem de ver e interpretar o mundo, especialmente as relações humanas, os papéis dos indivíduos e o seu próprio na sociedade –, entendemos que a chegada até aqui, em termos de reflexão e de continuidade do trajeto, é praticamente um nadar contra a maré.

O ser humano se constrói a partir das relações, mas somos influenciados por uma cultura materialista, muitas vezes superficial, imediatista e de aparências. Tais traços que marcam a atualidade nos fazem crer que somos seres isolados, sobrevivendo a um ambiente competitivo, de conquista de lugares exteriores que estimulam a desconexão conosco e com o outro.

Esse olhar materialista também alimenta uma imaturidade que nos faz acreditar que os problemas vêm de fora e que precisamos nos livrar deles, combatê-los, como se nos despíssemos de algo ou eliminássemos um vírus, em uma postura do tipo "salve-se que puder", que nos leva a mais adoecimentos físicos e psíquicos.

Nesse caos interior, começam a surgir os discursos sobre o legado, talvez pronunciados por pessoas que reconhecem a natureza coletiva do humano, e estimulam a sociedade à essa conexão. Contudo, como nosso olhar é viciado e nossas compreensões são adoecidas, transformamos esse chamado em mais uma pressão para que se ofereça algo de significativo ao mundo, como se agora, pela via do legado, o sujeito conseguisse obter um lugar no mundo, ser por ele agraciado ou valorizado.

Essa é a questão da cosmovisão, da mudança de compreensão do que é a vida, de qual lugar ocupamos e de como o ser humano se relaciona com seu próximo. Sem essas mudanças de regras internas, de noção de mundo e de si mesmo, até a temática do legado, que é um convite para a construção coletiva, fica adulterada e se torna mais um peso e um esvaziar das pessoas.

Há que se ter um compromisso com a humanidade porque essa energia de coletividade pulsa em nós, e não podemos silenciá-la. No entanto, o que viemos construindo até aqui é que o compromisso com o outro decorre do compromisso consigo. Ou seja, o que defendo é que em algumas situações humanas, como essa, é preciso dar um passo atrás, interiormente, para buscar atender uma demanda que não foi atendida, e aí sim, consolidar o instinto gregário em nós.

Na verdade, são dois passos que precisamos dar, e não apenas um. O compromisso consigo e o compromisso com o outro, tendo em vista que, por estarmos cheios de nós mesmos e perfumados pelas verdades que somos, ofertamos ao outro sem esperar nada em troca, nem mesmo qualquer tipo de retribuição ou reconhecimento, pois já fomos agraciados pelos nossos próprios tesouros.

Não há espaço para ressentimentos, para cobranças, análises de que os outros são ingratos, que não nos compreendem, que não nos amam... Praticamente tudo isso se esvai porque são produtos enviesados dos sujeitos que não fizeram o próprio trabalho interior. E, veja bem, não é porque eu aprendi que não posso reclamar, que não devo exigir ou é imaturo cobrar. Não é isso, e sim, a expressão leve e saudável que vivo, por ter atendido as demandas da minha alma e estar minimamente *okay* com meu mundo interior, com quem eu sou e com o desenvolvimento de meu potencial.

Ao rico de si mesmo, pouco importam os elogios ou mesmo as críticas. Nada o afeta significativamente porque ele está seguro em suas raízes. Como o símbolo da árvore da vida, resplandece em abundância.

O compromisso consigo

O compromisso conosco produz esse estado de abundância interior, mas a grande questão aqui é: quem nos ensina isso?

Byung-Chul Han, na obra *A expulsão do outro*, analisa as lentes neoliberais pelas quais vivemos, que produzem uma sensação ilusória de liberdade. Ele defende que vivemos alienados de nós mesmos: "Não se trata mais da alienação do mundo ou do trabalho, mas sim de uma autoalienação destrutiva" (HAN, 2022, p. 69).

Podemos ampliar a questão: Que escola tem em sua grade curricular a disciplina "autodescobrimento" ou "compromisso consigo"?

Quantos pais estão habilitados a ensinar seus filhos a se conectarem consigo próprios sem ficarem presos na fase egocêntrica que é característica do desenvolvimento infantil? Quanto tempo as religiões têm dedicado para direcionar as pessoas ao cultivo interior, como fizeram os grandes sábios e mártires, em vez de as orientarem a combater quem são?

Dentro dessa mudança de cosmovisão, o convite é para assumirmos o compromisso conosco mesmos, responsabilizando-nos pela nutrição pessoal que o mundo não pode nos oferecer e pelo cuidado com as nossas feridas que ninguém pode verdadeiramente realizar.

Jung (2011, p. 25), na obra *Estudos alquímicos*, tem um imperativo importante: "Trata-se de dizer sim a si mesmo, de se tomar como a mais séria das tarefas". Ele está defendendo que o desenvolvimento da personalidade é uma das tarefas mais árduas, e esse compromisso pessoal é a base de tudo que tenho produzido até aqui. Reforço o convite para consultar os materiais impressos e virtuais que estão disponíveis[11].

Se a alma não estiver alimentada de si mesma, de seu potencial, de suas verdades, ela nunca vislumbrará seu legado.

Sendo assim, quero te apresentar um caminho de cuidado interior, de olhar para si, que ao mesmo tempo que favorece aquela mudança de cosmovisão, também nos instrumentaliza para o cuidado interior. Quero ressaltar algumas obras que foram e continuam sendo realmente especiais para mim, em termos do compromisso que precisamos assumir conosco mesmos.

---

11 Além dos materiais que já disponibilizo gratuitamente, convido você para meus cursos disponíveis no *website* www.marlonreikdal.com.br, em especial o curso sobre os complexos psicológicos. Estes são forças inconscientes que nos tomam, que direcionam o nosso comportamento e que parecem impossíveis de serem controladas enquanto não fazemos essa viagem mais profunda ao inconsciente.

A primeira delas é um livro de Thomas Moore (2016), intitulado *Cuidados com a alma: um guia para cultivar profundidade e sagrado na vida cotidiana*[12]. É uma escrita sensível que nos convida a enxergar a nossa trajetória, partindo dos sintomas e das desconexões familiares e sociais para chegar ao encontro e ao cuidado conosco mesmos. O autor é realmente especial, e sua vida é um compromisso com a humanidade, que se traduz no estimular as pessoas a cuidarem de si.

A passagem do meio: da miséria ao significado da meia-idade, de James Hollis (2015), é outra obra e outra pessoa realmente imperdível. O livro faz parte de uma enorme coleção chamada *Amor e psique*, da Paulus Editora, comprometida com os temas que envolvem a busca da alma e o sentido da vida. Alguns textos são mais complexos em termos de conceitos psicológicos, mas esse

---

12 Tradução livre do título *Care of the soul: a guide for cultivating depth and sacredness in everyday life.*

de Hollis é especial por tornar acessível a reflexão sobre a crise de meia-idade como sinalização da necessidade de nos voltarmos para dentro, revendo com isso nossa forma de estar nos relacionamentos, no trabalho e com os filhos. Ele conclui falando de solidão e solitude, deixando um desejo de reler o livro de tempos em tempos.

Ainda sobre relacionamentos, não apenas o conjugal mas também todo o apaixonar-se, uma das obras mais marcantes para mim foi *Parceiros invisíveis: o masculino e o feminino dentro de cada um de nós*, de John Sanford (1997). Ele nos ajuda a identificar que muito do que vemos, desejamos e admiramos nos outros é um conteúdo inconsciente nosso, projetado no outro, desfazendo assim amarras para que a gente entenda o que é o amor.

Para aqueles que desejam se aprofundar um pouco mais em termos conceituais, com o objetivo de se conhecerem melhor, as minhas sugestões para compreender os conceitos de ego, persona, sombra, anima, animus e *Self* são especialmente três obras: *A busca do símbolo: conceitos básicos de Psicologia Analítica*, de Edward Whimont (2014), *Jung: o mapa da alma*, de Murray Stein (2006), e *Ao encontro da sombra: o potencial oculto do lado escuro da natureza humana* (2008), organizado por Connie Zweig e Jeremiah Abrams. Todos os três eu leio e releio incansavelmente, sempre extraindo algo novo.

Para as pessoas que têm interesse no viés espiritual, que compreende o espírito imortal como aspecto central da personalidade, minha sugestão é a incrível *Série Psicológica de Joanna de Ângelis*, psicografada por Divaldo Pereira Franco. Com uma profundidade e uma escrita singulares, somos conduzidos por temas do cotidiano, análises dos transtornos mentais e profundas críticas sociais, tendo como base a perspectiva espiritual conectada às psicologias profundas.

Além dessas leituras de cunho declaradamente psicológico, quero estimular em você o cultivo de si mesmo através de clássicos da literatura e biografias. São verdadeiras obras de arte, quando o observador sabe contemplá-las. Chamo sempre a atenção para as lentes psicológicas que podemos usar para entendê-las, mais do que para os fatos em si.

Obras nacionais como *O alienista*, de Machado de Assis (2014), fazem importantes críticas à sociedade e ao mesmo tempo nos fazem pensar em como alimentamos esse estado de loucura que se transformou em cotidiano. Na literatura estrangeira, fui desacomodado por textos como *Carta ao Pai*, de Franz Kafka (2014), *Diário do subsolo*, de Dostoiévski (2012), e *O estrangeiro*, de Albert Camus (2019), que me colocaram diretamente em contato com meus aspectos sombrios, minhas dores e a realidade na qual estamos todos inseridos. Eles são capazes de descrever a realidade humana e aquilo que precisa ser visto e sentido, porque nos pertence.

Em relação às biografias, inúmeras repercutiram em minha alma de forma intensa, por demonstrarem ali os desafios, as dores, os caminhos e as determinações de pessoas que marcaram a história. Não as li com o objetivo de fazer daquelas vidas modelo para a minha. Quando as leio, eu me sinto mais aconchegado na lida com as minhas dificuldades, pois descubro que "estamos todos no mesmo barco". As histórias de Francisco de Assis, de Madre Teresa de Calcutá, de Carl Gustav Jung, de Ludwig van Beethoven e Juan Inés de la Cruz foram as que mais me tocaram, em termos de reconhecimento das verdades pessoais e do preço que se paga para se realizar interiormente. Entretanto, não me peça uma indicação específica de cada um. São leituras muito antigas da minha vida, e tenho me permitido ler um pouco de tudo, desde Wikipedia até as referências mais citadas, como forma de compor, dentro de mim, as histórias daquelas vidas.

O compromisso com o outro

A tese que desenvolvi até aqui é a de que o compromisso consigo nos nutre de tal forma que naturalmente temos o que oferecer ao outro. Mas, no meu entendimento, por essa nutrição ainda ser bastante incipiente e por conta da cosmovisão na qual estamos inseridos, precisamos assumir um compromisso com o outro.

Digo isso no sentido de que muito provavelmente nunca teremos a espontaneidade de Tereza de Calcutá para ir ao encontro do outro, pois dificilmente chegaremos ao nível dela de transbordamento interior. Sendo assim, à medida que me comprometo comigo mesmo, posso assumir um compromisso com o outro, de tentar percebê-lo, pois o encontro com as nossas verdades agora nos habilita a isso.

Gosto da palavra "habilitação" porque ela indica estarmos aptos a, sermos capazes de. A questão agora é mais simples: minimamente nutridos, reconhecedores do que temos, estamos capacitados para nos colocarmos na relação com o outro de modo mais transparente e mais legítimo, oferecendo o legado de quem somos sem as camuflagens desesperadas do egoísmo. No entanto, minha ênfase é que é preciso se colocar na relação. Isso quer dizer que não nos obrigamos a amar ninguém, a fazer nada por tarefa alguma. Não é uma exigência de performance, de resultados ou de produtividade. É apenas o compromisso de se colocar na relação com o outro, de dar espaço para ele em nosso campo de visão, e deixar que nosso mundo interno vá dando o direcionamento que já estamos habilitados a ouvir.

Falei também da cosmovisão, pois parto do princípio de que é preciso uma intencionalidade. Essa ação decorre da nova leitura que fazemos do mundo, de nós e dos outros, de como estamos todos conectados, e do como não existe eu sem o outro. Sendo assim, é preciso se pôr a meditar sobre o tema, estudar, refletir, para chegar a novas conclusões, "abandonando os caminhos que nos levam sempre aos mesmos lugares".

O *Self*, em sua plenitude, é social, mas quem de nós já acessou essa plenitude? Como vivemos em um mundo completamente autocentrado, condicionados pelos medos e traumatizados pelas perdas e rejeições, também precisamos estar atentos para ir além dessas travas, que são superadas com a nossa nutrição interior. Isso nos habilita a ultrapassar os condicionamentos, construindo um novo olhar.

Deixe-me ser mais claro: querer simplesmente mudar a perspectiva, os discursos e as exigências sem o correspondente interno é a porta de entrada para o ciclo vicioso. Contudo, à medida que a alma começa a ser cultivada, podemos nos comprometer um pouco mais com os outros à nossa volta. O coletivo faz parte da nossa natureza, mas eu não acredito que isso se dê de forma tão natural porque me parece que precisamos fazer um esforço de descondicionar, de ir além do que nos ensinaram, sendo pais e professores de nós mesmos, para dar vazão a essa energia que fica disponível na *psique* conforme o autoencontro se dá. É como se à medida que fôssemos nos nutrindo, precisássemos dizer para nós mesmos: ei, presta atenção agora!

Certamente Madre Teresa estava preenchida de si, e isso lhe deu confiança para renunciar a qualquer papel e instituição, para se contrapor até à Igreja, para fazer o que pulsava em sua alma. Ela se colocou na relação com o outro. Ao ver a realidade fora do convento, sentiu-se perturbada. Como poderia continuar vivendo confortavelmente naquele lugar, fechada como que em uma fortaleza de privilégios, enquanto milhares de pessoas lutavam para sobreviver, em condições sub-humanas?

Estava nutrida de si, e assim pôde enxergar o outro e lhe dar o valor que ele merecia. Mas se ela não fizesse um esforço para sobrepor-se à mente viciada, nos joguinhos de celular, ela não teria olhado para fora da janela do trem para ver a realidade dura que se mostrava.

Veja que não estou falando de se obrigar uma ação virtuosa, da exigência de uma intencionalidade de empatia, de bondade, de amorosidade. Não digo para você fazer isso porque não acredito que tenhamos a possibilidade de determinar sentimentos, de produzir essas coisas dentro de nós. O ego é muito pequeno e incapaz de "criar" sentimentos. Entretanto, o que está ao nosso alcance é o esforço interior de sair da gaiola em que nos colocamos, incapazes de nos interessarmos genuinamente pelos sentimentos do outro, e nos colocarmos na relação com ele, por dentro, ou seja, dar espaço para que ele seja visto, para que seja reconhecido como outro.

O convite que faço, na justa medida em que vai se conhecendo, é para você se colocar na relação com o outro, abrindo-se para a história dele, para a realidade que ele vive e para o valor que tem. Talvez seja mais fácil começar a pensar sobre relações mais distantes, em um movimento de despertar para a presença do outro em nossas vidas. Mas não se esqueça que temos o grande desafio de nos relacionarmos com o outro que vive próximo de nós, com quem dividimos espaços e sentimentos, pelos quais temos responsabilidade; esse outro que vai se descaracterizando ao longo dos anos, uma vez que o vemos pelas nossas lentes viciadas e egoístas; esse outro que não é meu, nem parte de mim, e por isso merece ser visto como outro, em sua singularidade.

Tendo isso em vista, quero te contar um pouco da trajetória que realizei com alguns desses "outros", porque ao longo da minha vida eu me permiti viver o encontro com pessoas muito diferentes de mim, e ao mesmo tempo, tão semelhantes. Pessoas que compartilhavam suas vidas, seus sentimentos, suas dores, e hoje reconheço que fui o maior beneficiado nessas relações, pois eu lhes dei algo, mas elas me ofereceram seus tesouros, aquilo que tinham de mais íntimo e ao mesmo tempo mais belo, que eram as suas verdades – e por isso eu as trago em meu peito e sou grato a todas elas.

Meus primeiros encontros começaram muito antes da Psicologia, nos trabalhos assistenciais que realizava na instituição religiosa à qual eu pertencia, envolvendo-me, desde muito pequeno, com aulas de reforço escolar às crianças carentes, fazendo sopa para levar às comunidades pobres e visitando albergues em diálogo com desabrigados, desempregados e vítimas de outras privações.

Na universidade, dediquei a maior parte da minha formação às questões educacionais, em especial aos problemas de aprendizagem, indisciplina e exclusão escolar.

A relação com os transtornos de aprendizagem, de hiperatividade e de restrições cognitivas me remeteu futuramente ao entendimento das minhas próprias dificuldades comportamentais e de atenção. Até hoje me recordo de um menino hiperativo que apanhava muito por ser agitado e que, choroso, disse-me: "Tio, eu sei que eu não posso me levantar da cadeira, mas, quando vejo, eu já me levantei". Embora em diferentes condições, a sua dor também era a minha; compartilhava da frustração de não conseguir ler, estudar e organizar a minha vida como eu idealizava.

Após formado, além do consultório, fui trabalhar na rede de saúde mental, começando por uma unidade masculina de internação psiquiátrica do SUS, experienciando o inacreditável em termos de contato com o sofrimento humano. O hospital psiquiátrico me trouxe uma realidade que jamais poderia ser apreendida na vida cotidiana ou na clínica particular: a loucura a céu aberto, o surto psicótico que não distingue o interno do externo, a dor lancinante e a angústia que fazem alguém desistir da vida, do futuro e de tudo que poderia viver. Nas unidades não intensivas, como o Hospital Dia e o CAPS, eu tinha mais tempo para me relacionar com os pacientes com maior profundidade, e ali compartilhei de histórias inacreditáveis de dor e constrangimento. Muitas vezes disse aos pacientes: "Você está maravilhosa! Depois de tudo que passou, você apenas deprimiu e está aqui se tratando. Muito provavelmente eu não teria suportado estar na sua pele". Não falava isso para que se sentissem melhor. Simplesmente eu estava me curvando àquelas pessoas e à força interior que lhes faziam suportar a vida.

A tranquilidade do consultório particular me trouxe um novo desafio pela forma diferente de encontro com o outro: a intimidade. Os anos de sessões semanais ininterruptas com alguns pacientes nos permitiam construir um espaço de tanta segurança, tanto acolhimento e tanto respeito mútuo que as pessoas me contavam coisas que não tinham coragem de contar nem para elas mesmas. A clínica, mesmo no trabalho online, é um refúgio da vida enlouquecida e um espaço de autoencontro, como um templo que favorece a conexão interior, e certamente o encontro de cada pessoa também é parte do meu próprio encontro e do reconhecimento de tudo aquilo que eu também quero negar dentro de mim.

Porém, como disse, também me pus frente a frente com aquilo que não me era familiar, e era muitas vezes desconfortável. Busquei contato com prostitutas, com garotos de programa, com pessoas que haviam passado por presídios, com sujeitos que eram governados pelos vícios, sempre no sentido de me aproximar de suas realidades e de compreender seus sentimentos – que, ao longo do tempo, pude descobrir que também eram meus. Ouvir suas histórias, aproximar-me de seus sentimentos e enxergar suas realidades por um ângulo interior foram um grande estímulo para me ver por novos olhos, e dar um novo sentido para minha vida.

O mais interessante é que agora, ao escrever estas palavras finais, pude identificar que o meu percurso para dentro foi profundamente influenciado pelo contato com o outro.

Eu sempre ofereci algo às pessoas, desde muito pequeno, porque era da minha natureza. Mas o que hoje reconheço é que o contato com todas essas pessoas, de alguma forma, colocava-me a todo momento em contato com as minhas misérias existenciais, como se elas fizessem emergir minha humanidade, minhas necessidades. Disso, identifico um ciclo virtuoso, pois à medida que essas relações me estimulavam o encontro e o compromisso comigo mesmo, essa nutrição interna evocava a relação com o outro, de modo que eu ainda não tenho conceitos psicológicos próprios para expressar – apenas sinto!

A dor também é uma grande companheira nessa caminhada. Ela me estimulou a me aproximar daquilo que me esforço para negar, e as lágrimas muitas vezes surgem para regar o solo árido que seca quando me desconecto das minhas verdades essenciais que eu já consegui assumir. E dessa experiência pessoal eu teorizo que a desconexão interna produz a desconexão com o outro, em um esvaziamento ensurdecedor que torna a vida sem sentido, sem cor e sem perfume.

E assim, emocionado, reconheço somente agora, na escrita destas últimas linhas, que este é o meu legado a você.

Palavras finais

É tempo de revolução! É tempo de cumprirmos com nosso papel no mundo! São as entranhas da humanidade que se agitam nos impondo uma grande mudança.

Somos seres coletivos que ainda não se reconhecem como tal, mas precisamos aprender! O impulso gregário não pode ser eliminado sem que paguemos um alto preço por isso.

A sociedade está em ruínas por estar presa a discursos vazios, a preconceitos descabidos e a medos infundados. Estamos esvaziados de nós mesmos, desnutridos, e como miseráveis buscamos o mundo e o outro para obter algo, em trocas, barganhas e atitudes inócuas que mais nos constrangem do que preenchem.

Como egoístas, queremos tudo para nós mesmos. Tentamos a qualquer custo ser beneficiados ou receber algum tipo de destaque ou reconhecimento. Em troca, oferecemos migalhas ao outro, porque a verdade é que essa carência tem adulterado as boas intenções e obscurecido até o raciocínio.

A boa notícia é que o egoísmo deixou de ser compreendido como um pecado a ser combatido para ocupar o lugar de sintoma da desconexão pessoal. O egoísta é o miserável interior, aquele que está emocionalmente em carne viva, precisando de autocuidado, de autoamor e de um alimento existencial que só ele mesmo pode se ofertar.

Não estamos inteiros com o outro e nem temos energia para investir nele porque não estamos inteiros conosco. Ofertamos nada porque estamos na mesma condição de escassez interna.

Essa é a grande mudança que precisamos operar, opondo-nos aos discursos vazios, materialistas e exteriores, pois já descobrimos que o caminho é para dentro.

Na verdade, não é justo dizer "descobrimos" devido a essa ideia já ter sido traçada há quase três mil anos pelos sete sábios na inscrição do templo de Delfos. Talvez a melhor expressão seja "nos dobramos" a essa verdade. Também nos dobramos a Jesus, que diz para amar ao próximo COMO a si mesmo; nos dobramos à sabedoria da alquimia, que nos convida a não sair de nós mesmos; nos dobramos às psicologias e a tantas outras vertentes que têm se somado, como diferentes vozes de um lindo coral, estimulando a humanidade ao autoencontro e ao compromisso consigo, como mais efetivo meio de construir e oferecer ao mundo um verdadeiro legado.

Referências

ASSIS, M. *O alienista*. São Paulo: Penguin Classics Companhia das Letras, 2014.

Bíblia Sagrada. 50. ed. Petrópolis: Vozes, 2002.

BONDER, N. *Código penal celeste*. Rio de Janeiro: Rocco Digital, 2012.

CAMUS, A. *O estrangeiro*. Rio de Janeiro: Record, 2019. *E-book*.

DOSTOIÉVSKI, F. *Diário do subsolo*. São Paulo: Martin Claret, 2012.

FOUCAULT, M. *Vigiar e punir*. Petrópolis: Vozes, 2014.

FRANZ, M.-L. von. O processo de individuação. In: JUNG, Carl Gustav (org.). *O homem e seus símbolos*. Rio de Janeiro: HarperCollins Brasil, 2016. *E-book*.

GIDDENS, A.; SUTTON, P. *Sociology*. Cambridge: Polity Press, 2021. *E-book*.

HAN, B.-C. *A expulsão do outro*: sociedade, percepção e comunicação hoje. Petrópolis: Vozes, 2022.

HAN, B.-C. *Agonia do Eros*. Petrópolis: Vozes, 2020.

HOLLIS, J. *A passagem do meio*: da miséria ao significado da meia-idade. 11. ed. São Paulo: Paulus, 2015.

HOUAISS, A. *Dicionário Houaiss da Língua Portuguesa*. Rio de Janeiro: Objetiva, 2001.

JUNG, C.G. *A natureza da psique*. Petrópolis: Vozes, 2014 [OC 8/2].

JUNG, C.G. *Aion*: estudo sobre o simbolismo do si-mesmo. Petrópolis: Vozes, 2015 [OC 9/2].

JUNG, C.G. *Estudos alquímicos*. 2. ed. Petrópolis: Vozes, 2011 [OC 13].

JUNG, C.G. *Memórias, sonhos e reflexões*. 22. ed. Rio de Janeiro: Nova Fronteira, 2012.

KAFKA, F. *Carta ao pai*. Porto Alegre: L&PM Pocket, 2014.

KARDEC, A. *O livro dos espíritos*. Rio de Janeiro: Federação Espírita Brasileira, 2006.

MOORE, T. *Care of the soul*: a guide for cultivating depth and sacredness in everyday life. Nova York: Harper Perennial, 2016. *E-book*.

NIETZSCHE, F. *O anticristo*: maldição ao cristianismo. São Paulo: Companhia das letras, 2007. *E-book*.

ORGANIZAÇÃO MUNDIAL DA SAÚDE. *Prevenção do suicídio*: um manual para profissionais da mídia. Genebra: Organização Mundial da Saúde, 2000.

REIKDAL, M. A nascente dos sofrimentos: uma análise do ego. In: NÚCLEO DE ESTUDOS PSICOLÓGICOS JOANNA DE ÂNGE-

LIS. *Refletindo a alma*: a psicologia espírita de Joanna de Ângelis. Salvador: Leal, 2011, p. 187-209.

REIKDAL, M. *Em busca de si mesmo*: o autodescobrimento como filosofia. Petrópolis: Vozes, 2022.

RINPOCHE, C.T. *Além do materialismo espiritual*. Teresópolis: Lúcida Letra, 2016.

SANFORD, J. *Parceiros invisíveis*: o masculino e o feminino dentro de cada um de nós. São Paulo: Paulus, 1997.

STEIN, M. *Jung*: o mapa da alma. 5. ed. São Paulo: Cultrix, 2006.

WHIMONT, E. *A busca do símbolo*: conceitos básicos de Psicologia Analítica. 15. ed. São Paulo: Cultrix, 2014.

ZWEIG, C.; ABRAMS, J. *Ao encontro da sombra*: o potencial oculto do lado escuro da natureza humana. 16. ed. São Paulo: Cultrix, 2008.

Conecte-se conosco:

f facebook.com/editoravozes

⊙ @editoravozes

🐦 @editora_vozes

▶ youtube.com/editoravozes

☎ +55 24 2233-9033

www.vozes.com.br

Conheça nossas lojas:

www.livrariavozes.com.br

Belo Horizonte – Brasília – Campinas – Cuiabá – Curitiba
Fortaleza – Juiz de Fora – Petrópolis – Recife – São Paulo

EDITORA VOZES LTDA.
Rua Frei Luís, 100 – Centro – Cep 25689-900 – Petrópolis, RJ
Tel.: (24) 2233-9000 – E-mail: vendas@vozes.com.br